思想觀念的帶動者

文化現象的觀察者

本土經驗的整理者

生命故事的關懷者

心靈工坊 PsyGarden

Caring

生命長河，如夢如風
猶如一段逆向的歷程
一個掙扎的故事，一種反差的存在
留下探索的紀錄與軌跡

晚熟世代

王浩威醫師的家庭門診

A Generation of Postponed Maturity

作者——王浩威

目次

〈推薦序一〉

他飛了起來

王文華 作家

描寫一個世代，難！

要描寫到讓活在其中的人覺得跟自己的日常生活有關，更難！

但浩威做到了。

他做到的方法，是從十個不同的面向來剖析「晚熟世代」。這十個面向，有的個人，有的學術。浩威帶我們穿梭其中，我們跟著他看到這世代中形形色色的家庭，並在他們的掙扎中，看到自己。

第一個面向是他自己的成長過程。精神科醫師的工作是聆聽別人的故事，浩威是少數公開分享自己心路歷程的醫師。十五年前的《憂鬱的醫生，想飛》，他寫出自己三十多歲時的憂鬱。而這一本，他寫下自己兄弟姊妹的記憶。他不只是手術台旁的醫師，他自己也躺上了手術台。

第二個面向是他的旅行。浩威 iPad 中那些旅遊的照片，不需整理就是一本雜誌。這本書中，他帶我們去西班牙、匈牙利、斯洛伐克、捷克、日本。從那些國家的家庭，比較臺灣的現況。

第三是他的社會經歷，包括在各種演講場合碰到的觀眾，如單親爸爸。他從這些零星個案，連結出新型態臺灣家庭的面貌。

第四是跨越時代和國界的閱讀。他用朱自清的〈背影〉，分析晚熟世代的父親角色。他引述《父母會傷人》、《20世代，你的人生是不是卡住了》、《孩子如何成功：讓孩子受益一生的新教養方式》等歐美名著，讓我們的視野超越此時此地的臺灣。

第五是他的朋友。不管是在日本自助旅行時認識的打工旅遊的臺灣女孩，或是成績優異卻對未來一片茫然的友人小孩。每一個朋友都代表一個真實家庭。令我印象深刻的故事是：一個不吝在孩子身上砸錢的父親說：「為什麼我養兒子，CP值就是比別人差？」這句話同時引起我的同情和警惕。挫敗的程度有多大，傷人的力道就有多強。

第六是社會新聞。薪水是否該儲蓄，打工旅遊，資優生自殺……等事件，在浩威解剖後，暴露出更大的社會問題。

第七是他的個案。四十五歲的花花公子、三十八歲的企業主管、三代同堂的老公、因爲女友而衝突的母子、孩子拒絕上學的父母……這些挺身求助的人，替大多數仍在暗處掙扎的人，問了心中最想問的問題。

第八是學術。榮格、佛洛伊德、拉岡、佛洛姆等大師的觀點，也適用於晚熟世代的臺灣人。比如說法國精神分析大師拉岡的名言：「爲別人好是一種攻擊性行爲。」點出情人、夫妻、親子之間許多衝突的根源。

第九是歷史。他把今天臺灣家庭型態形成的原因，追溯到一九四九年來台的老兵、一九九〇年代的外籍新娘等歷史事件。

第十是國際。他也把臺灣家庭型態，與亞洲的韓國、日本，做了比較。

在〈流浪在新世界的異鄉人〉這一篇，浩威說：「走向世界，不一定就能走進世界。」

我很喜歡這句話。因爲它提醒我們世界、人生，和家庭的深度。

這是一本走「向」家庭，也走「進」家庭的書。十個面向，一個世代。我看到青春、中年、家庭的苦澀與甜美。苦雖苦，但讀完後，卻給我更多對生命的熱情。

一九九八年，王浩威寫了一本《憂鬱的醫生，想飛》。

二〇一三年，王浩威寫了這本《晚熟世代》。

兩本我都讀了。讀完後發現：十五年後，浩威不再那麼憂鬱了。

而且，他飛了起來。

接下來，就看我們的了。

〈推薦序二〉

我所認識的浩威

林口長庚醫院兒童心智科主治醫師
張學岑

認識浩威四分之一個世紀了，到了一個想了就會心慌的年限。

二十五年前，我住院醫師第一年的尾聲，小小的醫師辦公室瀰漫著期待、焦慮及歡喜的氛圍。新一年的住院醫師已經報到了。最重要的是，當中有位知名的帥氣詩人。

幾天後，在一個盛夏悶熱的星期三早上，第一次見到浩威。

爲歡迎他大駕光臨，我們早已好奇地翻閱了一些浩威學生時期的作品。對於才子醫師的降臨，我們這些學長姊張大了嘴及眼，好奇、崇拜、也莫名地偷偷景仰愛慕起來了。

他是一位存活在與我們完全不同世界的人。

浩威來了，我們才知道，原來書桌上的文具擺設要清一色的黑或白。其他的顏色，放著，就是礙眼。我們也有機會學著欣賞簡單的黑咖啡所散發出來的草味。

因為浩威，Suzanne Vega 悠悠的清唱，開始陪伴我們渡過一個又一個值班的夜晚。浩威談 Lacan、閱讀 Fromm、討論 Jung 這些有著神祕外國名字的作者的文字或是趣聞。浩威愛讀書，幾乎到了上癮的程度。

從年少輕狂的年代開始，浩威就這樣的細細品味著人生，細嚼慢嚥地過著都市中的波西米亞生活。當然，浩威也會和我們一樣，在七點半的晨會中昏睡過去、或是在星期三的教學日渾渾噩噩心猿意馬急就章地敷衍一番。

他終歸是個詩人。對於許多事情，雖然他總是在其中，卻又是遠遠地站著。他希望被注意到，卻害怕被瞭解。

認識浩威久了，逐漸瞭解他之後，就被他的毅力、衝勁及執行力所攝住。他做了一些當年所有「有為有守」的醫師不會做的、離經叛道的事：離開人人稱羨的臺大醫院，甚至是離開了醫學中心的體系。或是，以醫師的身分擔任起專職的執業心理分析師，同時經營出版社、以及永不停息的旅遊及創作。

他選擇離開醫師傳統的舒適圈，挑戰、創新、一步步建立起自己的王國。

我們看著他，以過人的毅力及勇氣，逐夢、築夢。

浩威執業以後，開始有系統地整理診間的案例。他總是以冷靜旁觀者的身分，娓娓道來一個又一個生命故事。

這一本書延續了浩威過往類似書籍的特色：將艱鉅冷僻的理論、知識，與臨床千變萬化的實例，用流暢溫和的文字，恰到好處地融合在一起。這一次，他藉由行醫當中的個案經歷，佐以或是社會學、或是心理學、或是精神醫學的知識，以比一般類似書籍更全盤思考的角度，去探討青春期孩子及他們的父母所面臨的困境。藉由浩威的博學多聞，我們得以從更寬廣、更人文的角度去思考這些社會現象。

然而，這一本書又與浩威過往的創作有著極大的不同。

經由多年的臨床經驗及大量閱讀累積的知識，浩威在分析這些個案、或是解析現象時，已經樹立起他個人獨到的見解及風格。

在這本書中，浩威展現了一位成熟及優秀的精神科醫師、心理治療師的敏銳及智慧。

這本書最讓我動容的，也是當了浩威多年朋友最欣見的，是我在書中終於讀到他的自在及釋懷。他已經可以放下盔甲、坦然地聊自己。也可以帶著雖然還是遺憾及憂愁、卻勇氣百倍的心境，回過身子去擁抱記憶裡的父親。

那個曾經是遠在雲端的詩人醫師，以他洗練多年的人生歷練，呈現給我們一本值得一再咀嚼的好書。

【名人推薦】

心理治療的內容反應個人的人生經驗所形塑的情緒、思考、行爲等性格特徵；王浩威醫師以敏銳的筆觸，從歷史、文化、社會、教育、心理等角度剖析問題，教我們生活，是容易讀、值得讀的好書。

——宋維村（天主教若瑟醫院院長）

不確定的時代，還有什麼能堅持的？還有什麼值得追尋？

這一代、不論是孩子或父母，都得面對如此巨大課題。

就讓浩威醫師陪著我們、分享他的生命能量與經驗，一起找尋出路吧。

——陳藹玲（富邦文教基金會董事）

王浩威醫師向來觀察細膩、見解精闢，但他的心靈與文字，更教我感動。在十倍速時代的巨流中，他對第一線臨床案例的思索與整理，絕非迎合速食世代的簡化解答，而是以專業的敏銳，洞悉洪流的成因，爲在集體焦慮中載浮載沉的你我，指出前行的方向。

——梁旅珠（親子作家、明曜親子館執行長）

〈作者序〉

十倍速時代中的晚熟世代

王浩威

要如何討論現在的年輕人？他們之間的個別差異是如此巨大，彼此矛盾，所產生的現象是過去世代所沒有的。

剛剛出爐的美國雜誌《今日心理學》（*Psychology Today*）二〇一三年七月號，訪問了塔薇・紀文森（Tavi Gevison）。她是一位年輕的女生，一九九六年生，才十七歲，卻早已經創業成功了。更早的五年前，才十二歲時，她的部落格「菜鳥時尚（Style Rookie）」一鳴驚人，獲得廣泛的注意。這部落格後來轉向大眾文化和女性主義話題，開始成爲網路雜誌《菜鳥雜誌》（*Rookie Magazine*）。現在她手下有四十多位工作人員，包括編輯、記者、作者等，從十三歲到五十幾歲都有。《今日心理學》的編輯問了一個問題：這麼年輕就開始創業，是怎樣的一個經驗？

我是在一場口試的場合見到士凡的。這場口試是某個非營利機構針對他們所提供的參訪機會而安排的，獲選的人可以免費參加日本傳統文化之旅。士凡遞上來的履歷和自傳立刻讓人印象深刻。他才大學二年級而已，卻已經去過柬埔寨、菲律賓、西藏等地擔任義工，而且，設計了好幾款APP，上市販售。他回答評審的問話，說：「最好的是××的那一款，因爲他們沒做微軟系統的，我就改一改，已經有兩萬多人購買了。」他提的××，是一種非常受歡迎的雲端空間服務。

塔薇也好，士凡也好，都是這個十倍率時代下的新鮮產物，是過去的時代無法想像的。人類的活動隨著這個世界的資訊化和全球化，愈來愈是加速了。全球化的發展消弭了昔日各種的隔閡藩籬，讓旅行、資訊傳播、物品等各種的空間移動以往所受到的阻礙，降到前所未有的少；而資訊化則開發了愈來愈快的移動方式，讓所有的訊息可以零時差地散佈。這樣的速度，是人類世界工業革命時代的至少快十倍以上。所以，趨勢觀察者或管理學者，像前英代爾總裁葛洛夫（Andrew S. Grove, 1936-），在他的暢銷書《十倍速時代》（*Only Paranoid Survive*，原文書名意爲「只有偏執狂可以生存」，大塊文化出版）裡，不斷地指出，這是一個機會和威脅都以十倍速度來臨的時代，爲求生存和發展，人人應自我省察，掌握機會，創造格局。

然而，這世界大部分的人，至少是百分之九十九以上的人，他們的應變方式，並不是葛洛夫呼籲的那種充滿警覺的偏執狀態。對大部分的人來說，他們只是更緊張地想要自我保護，想要找到自己的諾亞方舟來逃過這個看起來像洪水來襲的快速時代，而不是打造一艘新的承載工具來利用這水流的能量和速度。人們的反應是和動物的本能反應一樣，fight or flight，戰鬥或逃逸。大部分的人選擇了逃逸，而不是葛洛夫主張的戰鬥。大部分人開始向四面八方逃逸，他們以為很快就可以找到安全的不動陸塊。於是，人們拔起腿就跑，逃呀逃，陸地卻是一直都沒出現在眼前。對現在的新一代而言，在他們的成長過程裡，在他們踏入每一個新階段時，大部分的人，當下的反應都是逃逸的型態。

逃避洪水的一代

他們總覺得自己還沒準備好，覺得期待中的那一片陸塊還沒出現。他們其實不知道，在這個被十倍速洪水席捲的世界裡，昔日那些良田早已不存在了。比起《希伯來聖經》〈創世紀〉裡所記載的大洪水，這一次的十倍速洪水並沒有淹得像創世紀時那麼的徹底。還有很多沒被捲入的角落分布在世界各地，沒被十倍速所淹沒。這些角落也許在臺東鄉下的農村裡，也許是臺南市敗落許久的老房子，也許在臺北舊城區的某一轉角處。然而不論在哪裡，還存有的小小陸塊絕不是昔日的良田，也就是過去觀念中的美好工作、美好職業，或美好的人生未來。如果他們繼續等待過去熟悉的良田，必然會一直待在逃亡的狀態，永遠沒有進入下一人生階段的時候。偏偏，也許是逃亡本身令人變得保守膽怯，大部分的人於是就這樣地一直等待著。

這樣的逃亡，另一項特色是往四面八方散開了，也就是所謂「樹倒猢猻散」。過去可以互相幫助而省下許多成本的分工合作方式，家族也好，傳統社區也好，如今全都各自顧死生而奔向不同的方向。傳統的關係散了，每個人處在以個人或個別核心家庭單兵作戰的狀態。這樣的結果，對每個人而言，既消耗成本，也經常將自己弄得緊張兮兮的，幾乎隨時都可能情緒高張而崩潰或生氣吵架。於是，恐懼更加深，安定下來的決定更難抉擇了。大部分的年輕人不是塔薇，也不是士凡，他們是逃亡者，想逃離集體潛意識處於高度不安的這個時代。他們於是緊緊抱著眼前剩下的這塊浮木，以爲這就是可以帶他們逃出大洪水的諾亞方舟。大部分的年輕人總是對一切都猶豫著。

而猶豫這類的心理狀態之所以湧現，往往是當事人覺得自己還沒準備好。他們內心深處有一種想像，以爲有一種近乎完美的狀態（雖然大部分人不承認自己是要求完美的，但他們確實害怕任何的準備不足），才可以投入這個十倍速的水流裡。然而塔薇和士凡不同。在他們的心智裡，水流原本就是這樣了，沒有所謂的十倍速。

他們像生在水裡的孩子，很快地投入水流中，很快地善於運用這樣的動態世界。在他們的腦海裡，從來沒有「準備好了」這樣的情形。他們天生就在裡面，沒有「需不需要跨進去」這類的抉擇。他們喜歡水流，也喜歡自己內在所擁有的一切，而不會擔心自己的裝備是否不足或不好。他們是數位時代的原住民（digital native），天生就屬於這環境，沒有所謂的變遷。

但大部分的年輕人卻是擔心的。同樣的，他們的父母也擔心著。於是，有時候，遲疑許久的年輕人想跳下水試一試，驚慌的父母卻想出理由來阻止他們。然而當年輕人留在家庭這塊甲板太久了，父母卻又嫌他們是賴家王老五，是父母想退休了，卻還要背負的十分無奈的負擔。於是，這一代的年輕人被自己、也被這時代耽擱了。他們的一切都處在還沒準備好的狀態：即便不得不低下頭試一試了，仍覺得是沒有退路所逼的，不是因為自己準備好了。就這樣，大家的大學讀得愈來愈久，賴家賴得愈來愈晚，單身階段也愈來愈不可思議的長。

同樣的，他們的父母，也是愈來愈晚熟；或者說，愈來愈不成熟了。這個世界在面臨十倍速時代的時候，過去的社群或家族已經消失無蹤了。這時人們才驚慌地發現，原來過去擔任父母的親職工作的，其實不是父母自己，而是家族或社群的集體力量，是有一種姑且稱之為「父母集合體」（the Parenting Collective）在撫育小孩，父母只是中間的媒介。

傳統的社會裡，各種親職的知識和智慧是存在於這個「父母集合體」中的。懷孕要注意什麼，沒有一個人會知道，但同時問問大家就知道了。同樣的，要怎麼照顧小孩，要怎麼處罰小孩，要怎麼幫助某一特殊狀況下的小孩，都是問問大家就知道了。這個大家，就是「父母集合體」。「父母集合體」不只是提供智慧和知識，它也提供監督。如果哪個父母太不盡責，哪個父母太虐待小孩，大家就會出面阻止。這也就是爲什麼在過去社會，雖然體罰小孩是一種普遍的行爲，卻很少聽到有小孩被過度虐待，更不用提亂倫，或小孩被父母活活打死的。但是現在，體罰不再合法了，大部分父母也不體罰了，卻有許多小孩被照顧者凌虐至死，而亂倫或性侵的個案也是有增無減。

然而，這個「父母集合體」隨著傳統社群或家族的消失而不見了。

在這種情況下，這一代的父母幾乎是第一代要自己負責養育小孩的父母。他們一切從頭學習，才發現有太多環環相扣的知識埋藏在裡頭。育兒或親職的書籍在書店裡是可以陳列一整面牆的，相關的專家也是如過江之鯽，但這個領域的學習和理解，對我們整個社會而言卻還是不夠，更不用講個別的父母。父母更是著急了。只是，驚慌或焦慮的父母，反而將小孩子拽得更緊，因而過度保護了。殊不知，新的問題在這樣的反應中又出現了——他們的保護，其實是剝奪了小孩透過探索而完成成長的唯一機會。

在這諸般因素影響下，一個晚熟的時代就這樣誕生了。年輕人覺得自己還沒準備好，而父母卻又不夠成熟。當十倍速的時代創造出了葛洛夫口中所說的機會時，卻帶給這一時代的家庭新的大洪水。只是這一次，父母也好，年輕人也好，再也不能像〈創世紀〉一樣，以爲可以找到諾亞方舟。這個新的洪水，十倍速的氛圍，我們只得相信自己是魚，相信自己是有水肺的新人種，隨時都可以下水。就像學游泳，愈早下水的，學得愈好。新的洪水來臨了，恐怕永遠不會消褪。然而，晚熟時代何時才能結束？這是一個無人能回答的問題，也將是我們共同要面對的提問。

這一本書想講的，就是這樣的一個時代，以及這個時代裡許多辛苦掙扎的年輕人和他們的父母。

這一本書能夠完成，特別要感謝心靈工坊的編輯黃心宜，感謝我的助理黃梅芳，感謝《張老師月刊》的編輯高惠琳和《親子天下》的秦嘉彌。最後，要感謝我的母親王李彩鑾女士和我的親密伴侶謝文宜。沒有她們有形無形的支持，就沒有這本書的完成。

輯一

晚熟的年代來臨了

消失的小孩

一個有自信也有方向的國家，當然就會出現一整個對未來有希望的年輕世代，也就覺得生育子女是一件很幸福的事，而不是充滿擔憂的負擔了。

Where have all the flowers gone?
Long time passing
Where have all the flowers gone?
Long time ago
Where have all the flowers gone?
Gone to young girls, every one!
When will they ever learn?
When will they ever learn?

花兒都哪裡去了？
時光飛逝
花兒都哪裡去了？
很久很久以前
花兒都哪裡去了？
少女們將它們一一摘下
人們幾時才會明白？
人們幾時才會明白？

孩子都到哪去了？

彼得・席格（Peter Seeger, 1919～），美國現代民歌之父，他是在三十四歲那一年，前往俄亥俄州參加音樂會時，在飛機上寫下這首歌的。

他坐在飛機上，在自己的筆記本上看到昔日抄下的幾句話：「花兒在那裡？好想摘走它們。女孩在那裡？男人娶走她們。男人在那裡？軍隊帶走他們。」這是他更早兩年，閱讀蘇聯作家蕭洛霍夫（Mikhail Aleksandrovich Sholokhov, 1905-84）的小說《靜靜的頓河》（一九六五年諾貝爾文學獎得獎作品），從書中看到的哥薩克民歌「磨罌粟」（Tochu, tochu mak）的歌詞。

小說裡只有歌詞沒有音樂。彼得・席格將歌詞配上另一首俄羅斯民謠「Koloda Duda」（女子名）的旋律。

這首歌最初的版本只有三段，如哥薩克民謠原來所唱的花兒，女孩和男人。後來他的伙伴喬・希克森（Joe Hickerson）再加上第四和第五段，也就是士兵和墓園。

這樣的一首歌，是古老的民謠，卻也是美國現代民歌的重要作品。

民歌在人們之間流傳，嚴格說來沒有單一的作者。每個人都可以重新改編歌詞，也許根據自己的心情，也許緣於外在的環境所激發的靈感。這樣產生的每一段新歌詞，都可能被眾人傳唱。

於是，如果有一位現代民歌手佇立在臺灣的街頭，如果他發現愈來愈不容易看到孩童，甚至聽到臺灣超低的生育率，他可會加上一段：「我們的孩子哪裡去了？」

最不想生小孩的國家

二〇〇八年，臺灣婦女的總生育率，跌到歷史的新低一・〇五人。那一年，我們又創下一個世界第一的紀錄，也就是全世界出生率最低的國家。

目前世界各國衡量人口生育的多寡，所採用的標準通常有兩種：一是粗出生率，是以總人口爲分母，以每年新生兒數目爲分子；另一則是總生育率，是指平均每位女性（一般指十五到四十九歲）一輩子所生育之子女數。目前較常用後者，平常所稱的出生率也是指這一個。

一個國家或地區要維持原來的人數，總生育率要維持在二•一個子女數左右。一般以這個數字爲標準，可以預測未來人口的增減。

臺灣的嬰兒出生率，因爲戰後的嬰兒潮而在一九五〇年衝到最高峰。從此以後，這個數字連年下降。二〇〇八年出現了世界最低紀錄，雖然在二〇一二年飆上十年新高，拉回到一•二六五，不再是全球之末。但這是因爲「龍年效應」，想生龍子、龍女的家族太多了。然而，即便是這樣，在美國中情局二〇一二年的排行榜，在二百二十四個國家中，臺灣仍是倒數第三。這最後六名由低至高是：新加坡、澳門、臺灣、香港、維京群島和南韓，當年的四小龍都包括在內。

爲什麼臺灣成爲最不想生小孩的國家之一呢？

中國大陸的開放較晚，但也很快步上亞洲四小龍的步伐。

在中國，有所謂新三座大山的說法。這三座大山分別指醫療、教育和住房。這些年來，由於開放政策，在愈來愈資本主義化的中國裡，醫療和教育開始實施產業化，而住房則實施私有化。這三種民生最主要的基礎也是最迫切的困難，如今取代了他們教科書裡描述的舊時的三座大山。所謂舊時的三座大山，也就是一九四九年中華人民共和國成立時，所提出要推倒的「資產階級民主革命的三個目標：帝國主義、封建主義和官僚資本主義。」如今，對年輕人來說，醫療、教育和住房這三個不容易超越的困難，正如同他們祖父母一輩所面對的「帝國主義、封建主義和官僚資本主義」一樣的艱鉅。

美國中情局二〇一二年的資料顯示：中國的生育率是一．五五，在二百二十四個國家中排第一百八十四位。生育率低，和中國的一胎化政策有關。然而，在上海、北京、廣州、深圳等沿海城市，青年卻是主動不想生育，甚至不急著結婚，於是生育率降到比中國政府所預期的還更低，政府因而開始考慮調整一胎化規定。大陸的社會學家便指出，學會面對新三座大山的年輕人們，也開始成爲不想結婚的一代。

昔日的亞洲四小龍是這樣，新興的中國也是這樣，然而，爲什麼不是全世界都這樣？

年輕的歡笑來自對未來的希望

二〇一三冬日到西班牙加泰隆尼亞地區（Catalonia）旅行，我們開著租來的小車，沿途在不同的城鎮過夜。一個週末，我們傍晚才抵達赫羅那城（Girona）。幾年前，根據德國小說家徐四金作品改編的同名電影「香水」，就是在這裡取景。也因爲這樣，這個省城才較爲聞名，開始吸引各國來的觀光客。我們到達的時間晚，當天只能參觀古城的夜景。第二天正好是週日，城裡四處都是出來散步的居民。我們也悠閒地走著，累了就挨著廣場找個咖啡座坐坐。

廣場上傳來笛子、手風琴和手擊鼓的聲音，有準職業水準了。慢慢地，年輕的男男女女逐一靠過來，圍著圈就跳起舞來。雖然是傳統音樂，但可能是新編而不覺陳腐；同樣地雖然是傳統舞步，也可能因爲青春的笑聲洋溢了整個廣場而毫無老氣。

廣場四周，散坐在我們前後的，許多中老年人或攜子女的年輕夫婦，也是充滿喜樂地安詳旁觀。他們是如此習慣單純地觀賞。真正爲這場景感動到極其興奮的，只有算得出來的幾位旁觀者，包括像我這種拿著相機拼命按快門的外來者，再加上兩位跟著媽媽來的，站在旁邊也躍躍欲舞的三五歲小女孩。

後來和當地居民聊起來，在盛讚之餘，我忍不住問說：「這麼多年輕男女，但小孩好像不算太多。」我原本以為是有小孩子的不同活動，可以繞過去看看；沒想到這位居民的回答卻是：「那個馬德里政府太爛了，整個西班牙經濟拖垮了加泰隆尼亞，也就沒人敢生小孩了。」

這句話也許誇張了。畢竟我們一路走來，在維克（Vic）或菲各羅斯（Figueres），還是看到不少帶著小孩的父母。然而仔細想想，又有幾分真實。

更早的兩、三年前初秋的季節，我們是到波西米亞旅行，同樣是租一輛小車，慢慢地開，一個小城一個小城慢慢地玩。我們從匈牙利的布達佩斯出發，一路經過斯洛伐克的布拉文斯拉發（Bratislava）、特爾那瓦（Trnava）和特倫欽（Trenčin）、日利納（Žilina）諸城。最後才跨入捷克，經俄斯特拉發（Ostrava）一路開到布爾諾（Brno）。

這區域是我一九九一年就曾開車遊歷過的地區。雖然路線十分不同，但地域是一致的，感慨自然是特別多。當年，蘇聯才剛解體，整個東歐開始幅度不小的震動。我和同行的伙伴們忘了捷克和斯洛伐克已經拆夥成為兩國，少辦了一個簽證，硬生生在邊境被攔下來關在一個小房間裡。直到每人乖乖付了一百塊美金補辦簽證和繳罰鍰，再加上四、五個小時的拘留後，才得以離開。

如今，氣氛完全不同了。同樣是從斯洛伐克跨入捷克，這次立刻充滿輕鬆的氣氛。在捷克的鄉村小路，到處都是騎著單車旅行的年輕家庭。甚至有些小孩還小，坐在小拖車裡也玩得不亦樂乎。那一天我們剛剛參觀完一座斯拉夫傳統的木造教堂後，再踅去山城逛逛。從山上步行下來時正是傍晚，飢餓感開始湧起，剛好經過一個像是住家院子的餐廳，裡頭有一群熱絡交談的年輕人，還有一堆玩在一起的小孩。我們有點猶豫，不太確定是家庭朋友聚餐還是餐廳。再三詢問後，才敢坐下來，比手畫腳地點菜。

那一天同樣是週末，同座的顧客都是來自附近不同城鎮騎單車出遊的。他們之間的熱絡，很單純地來自彼此自自然然的相互信任，同座的我們當然也就很快地感受到他們的歡迎。

最訝異的是，爬上爬下的，有那麼多小孩。

我們才想起來，一路上，從匈牙利到斯洛伐克，其實很少看到小孩子。進入捷克後，人們的熱情不同了，許多小孩也出現了。

我記得那一年回來，特別去查了這些國家經濟的指標性數字。捷克並沒有特別突出。然而，我再去瞭解這十來年的政治狀況，就明白捷克這國家的情形：雖然同樣在歐債的壓力下，但比起其他東歐國家的政治，捷克既穩定也有方向多了。

一個有自信也有方向的國家，當然就會出現一整個對未來有希望的年輕世代，也就覺得生育子女是一件很幸福的事，而不是充滿擔憂的負擔了。

回頭想想臺灣，每年下降的生育率，不禁想問：我們的政府提供給年輕人的未來，究竟有多少希望，多少安全感呢？

生育指標，至少我認為，比GDP在內的許多指標，都更具有經濟學上的參考價值。

在家庭與自我間拔河的年代

進入二十一世紀的臺灣，在富裕但不再快速成長的經濟條件下，個人的自我並沒有如預期般地繼續成長。甚至，反而是以小家庭或三代同堂小家庭為基礎的家庭自我，似乎愈來愈有影響力了。

彥杉第一次來到診所才國中二年級。當時還十分年幼的他，侃侃談起未來如何繼承父業，想要繼續經營家裡的旅館事業。我那時不以爲意，只是想這是很多將進入青少年階段的孩子最典型的思考模式，對父母的認同到了極點，而父母的價值觀因而完全內化成爲他的理想。

沒想到多年以後，彥杉眞的到瑞士洛桑念了一個餐飲管理的學程回來，甚至，法語也說得還不錯。現在的他也果眞繼續經營家族的旅館。

家族的旅館不大，彥杉以巧思將它轉型爲精品旅館風格，且搭配商務旅館的功能和價格。市場反應相當好，彥杉說，不只是來自海外的網路預約占了七成客源，甚至最近有幾個大樓的物主都紛紛來問合作經營的可能。

然而，工作雖然相當順利，他卻煩惱妻子和父母不和的問題。妻子堅持搬出去住，才有自己的空間；可是彥杉猶豫著，不敢跟父母開口。他說：「畢竟這房子是父母多年的夢想，他們刻意買這樣的大坪數，就是期待以後能過著三代同堂的生活。」的確，聽彥杉說，父母甚至顧慮到他們的隱私，還巧妙地請人設計可以合一也可以分二的格局。甚至在整個新房規畫的過程中，他父母也都將房屋的構思以電子郵件寄給彥杉和當時還只是女朋友的未來媳婦，主動邀請參與討論。

彥杉說：「我當時就是覺得太太的想法和父母合得來，才特別追她的。怎麼會想到，還有那麼多瑣瑣碎碎的事情，可以吵到這樣的地步。」

新的三代同堂，舊的問題

彥杉的處境，其實是我們社會變遷下，家庭何去何從的例子。

七○年代的臺灣，開始經濟起飛。這時廣大的農村開始走下坡，更多的人口移民到城市。於是社會結構中最傳統的部分，包括大家族和傳統社區，都紛紛瓦解了。

這樣的社會變遷自然也帶動了家庭的變遷。王文興的小說《家變》有著某一種時代意義：主角的「我」不斷質疑代表「家庭」的父親。當時，社會學或心理學的討論都同意：在臺灣，家族將被個人所取代，「自我」將從「家族」中解放出來。

似乎，整個臺灣的現代化將帶來心理文化層面的西方化，也就是由傳統的集體主義走向西方的個人主義：個人的自我（individual self）將取代家庭的自我（family self）。

只是，像彥杉這樣，又應該怎麼去解釋？

進入了二十一世紀的臺灣，在富裕但不再快速成長的經濟條件下，個人的自我並沒有如預期般地繼續成長。甚至，反而是以小家庭或三代同堂小家庭（而不是傳統的家族）爲基礎的家庭自我，似乎愈來愈有影響力。

這樣的情形，在中產階級和中產以上的階級特別明顯。

前一陣子，遇到一個退休的老師，是過去舊識。兩人聊起來才發覺他已經搬到某個八十坪豪宅級公寓。因爲是老朋友了，我開玩笑說：「沒想到中學老師也變富豪了。」他才笑著說：「沒辦法，太太說這樣就可以三代同堂了。」

我原來以爲彥杉是因爲屬於富裕階層，是我們社會的少數例外，才有三代同堂的想法。沒想到，彥杉父母的想法，竟是如此普遍，連中產的薪水階級也作如此想。

家族擺中間，自我放一邊

柳先生是我在台大門診遇見的個案，然而，不像一般同年紀的男性，我總是要花好大的勁才能卸下他們的雄性盔甲，柳先生是一下子就進入狀況了。

嚴格說起來，不該說柳先生是青年，更不是青少年。

三十八歲，已婚，有兩個就讀小學的兒子。這樣的資歷應該是中年，至少是想抓住青春尾巴末期的前中年人。

他因爲酗酒問題來找我諮商。

柳先生開始談他在公司裡和家族長輩的衝突，談自己忙不過來的混亂生活，談自己的太太如何不願參加大家族的聚會。

這些話題看起來有些私密性，似乎柳先生一下子就信任我了。只是太容易來的信任，本身往往可能隱藏極佳的阻抗，是個案潛意識裡想轉移心理治療的重心，不要再做更深入的探索。

柳先生雖然很快地進入這些私密的話題，但他的敘述方式總是輕輕柔柔的；雖說是生活的這一切讓他十分委屈，卻又說不出這股強大的情緒應有的足夠理由。

「好像談到家族的長輩，你就頗多顧慮，似乎講多了不禮貌？」

有一次我乘機會拋出一句話。柳先生愣了一下。我又繼續說：「甚至，除了我剛開始的詢問，你幾乎是不會談起你離婚的爸爸和媽媽？」

柳先生的爸爸和媽媽都是來自顯赫的家族，當初父母結婚意謂著兩大家族的結盟。自然地，離婚也就令這盟約出現嫌隙，甚至是有些暗潮衝突。只不過在檯面上，大家還是和和氣氣。

作為獨生子的柳先生，總是處在兩邊家族的鼓勵之間。這些鼓勵大多是相同的，而柳先生也就一一完成了：從美國某長春藤學校畢業，在海外銀行工作，兩年後又去念美國排名前三名的某大學MBA碩士班，然後回國和一門當戶對的女子結婚。

然而，來自兩個家族的鼓勵，還是有差異之處：柳先生究竟是要去爸爸家族的事業體，還是媽媽家族的？這對柳先生是個頭大的難題，酗酒的問題也就是在那時候開始的。總之，在複雜的外在家族過程和內在的心理過程之後，他去了大舅的公司擔任副總經理。

當我們的會談較深入時，柳先生開始抱怨他的爸爸和媽媽。當談到工作時，他抱怨公司「根本沒有媽媽講的那麼健全」，「和大舅意見不同時，媽媽為什麼不站在我這一邊。」而談到父親，他懷疑父親雖然一直表現出很關心的樣子，其實內心深處早已因為他的「背叛」而不理他。

我眼前這一位是三十八歲的企業界高階主管，但我卻感覺好像是在處理一位青少年，或者說，將進入少年階段的個體。因爲他所說的「我」，都是屬於家族或父母的；而家族或父母，過去都是他滿意而想討好的，也是他所有行爲所依循的指令，直到酗酒爲止。

酗酒一開始是因爲他不再能夠同時討好兩邊的家族。而酗酒問題的加重，則是他開始發現父母（或家族）不再像他以爲的那麼全能或完美。然而，酗酒也是他第一次做出兩邊家族都不誇讚的行爲。

家族與個人之間的依然糾纏

這些年來，臺灣也好，大陸也好，陸續都有人提出華人的心理問題似乎是糾纏在個人和家族之間。

以柳先生的實例來看，如果我們略過他已經三十八歲的這個事實，他的問題其實是一個個人如何從家族中分化出來。

家庭治療者可以從他如何因爲要平衡父母關係的緊張而成爲第三點，整個家庭結構於是成爲由他伸出雙臂的三角形來分析。這也就是家族治療所提的三角化關係

（triangulation）。

三角化關係是家族治療先驅莫瑞．包文（Murray Bowen, 1913-90）提出的，指的就是上述的情形：夫妻沒辦法處理彼此的關係，兩人（或其中一人）不自覺地會轉向另一人（可能是小孩，可能是家族中的其他人，也可能是家族外的人）；透過這三人的關係，形成三角形，夫妻關係在裡面才能找到平衡。

在三角化關係中，如果另一角被抓住的是小孩子，一方面我們會說小孩成了代罪羔羊（scapegoating）；另一方面，我們也可以說，這小孩將成為小大人（adult child）或親職化小孩（parental child）。代罪羔羊通常是指小孩以外顯行為或身體症狀呈現的問題，小大人則是指心理狀態被固著在某個階段。

柳先生七歲時，父母開始鬧離婚，他是否有任何退行現象或身體化症狀，他自己已經不記得，只是，小大人這樣的心理固著化現象確是出現了。小的時候，他表現得比任何小孩都穩重而成熟，他沒出現任何少年該有的叛逆期，甚至是十分有家族觀念地想為家族爭光。

這種為家族爭光的心態，簡直就是六、七○年代的臺灣還經常能聽到的「光宗耀祖」口號的翻版。然而，這些年來，似乎再也沒聽過了，再度提起反而覺得十分錯愕。

家族的重要性，曾經一度隨著社會的變遷，不再有過去的力量了；但是，個人的重要性，似乎也沒有完全取代家族。在過去，關於臺灣經濟起飛所帶來的現代化，原本以爲是西方式的文化將全面降臨，自然地，以個人主義爲哲學的西方心理學，就可以徹底運用在華人世界了。

只是，這樣的發展，乍看是全面西化的傾向，似乎在某個點就停滯了。甚至，還有新的發展，譬如：新的家庭自我。這時，怎樣的心理學和心理治療，才是我們社會所需要的呢？

王文興的小說《家變》所預言的世界並未來臨。在臺灣，西方式的個人主義並沒有隨著現代化或資本主義發達而降臨。

日本的榮格分析師，也是日本前文化廳廳長河合隼雄（1928-2007），在一九九五年和日本小說家村上春樹的一場對話裡，討論了歐美文化的個人主義。他先表示：「身在日本的時候，對西方人所說的個體這個東西是很難理解的」，「英語中individual 所指的『個體』，和我們眞正當作問題的『個性』（individuality）這個字其實是很不一樣的。」

作品廣譯成許多外國語文的村上春樹，表示他的小說讀者，在日本和在國外是很不同的，「不過，亞洲的讀者大體上和日本讀者很相似。」但韓國讀者「所追求的居然是疏離（detachment）噢。」針對這點，河合表示：「韓國和中國的情況，所謂的疏離我想今後會變成一個很大的課題。在韓國、中國的情況，家族、氏族的聯繫」……「有非常重大意義的，所以要從那裡分離出來簡直是要命的工作啊。」

而河合提到一位韓國的榮格分析師說起韓國人的西化太急速，大家變得非常利己主義；相對於日本的西化，這種個人主義太嚴重了，太不考慮整體利益。河合表示，韓國這情形其實「不是（西方的）個人主義，而是對家庭擁有認同意識，也就是所謂的家庭自我（family ego）吧。」「日本人跟韓國的家庭自我又有不同，是屬於一種場所認同（field identity），把不同的場所當作一種身分定位的基礎」，而公司和家庭都是其中的場所。（參考《村上春樹去見河合隼雄》，河合隼雄、村上春樹著，賴明珠譯，時報出版）

河合隼雄提出一個問題：作為西方產業革命和其後資本主義發達之基礎的個人主義，是否也是非西方地區發展過程中的必然條件，甚至成為這地區文明是否夠格的決定指標？

不同於西方個人主義的亞洲

對西方文化中的個人主義，西方自己的討論大致有兩類主張。一種是所謂的「常規」（normal）研究模式，又稱爲傳統研究模式，將個人主義看做是西方文化的既有事物，這種研究以盧克思（Steven Lukes）、里斯曼（David Riesman）、迪蒙（Louis Dumont）等爲主。一種則是「轉換生成」研究模式，認爲個人概念是意識形態的虛構，通常也以消除個人概念（通常是個人主義）爲己任。其中又可以分爲兩陣營：馬克思主義／後馬克思主義取向的，如詹姆遜（Frederic Jameson）、阿杜塞爾（Louis Althusser）、哈伯瑪斯（Jorgen Habermas）、其他法蘭克福學派等；後結構主義／後現代主義取向的，如拉岡（Jacques Lacan）、傅柯（Michel Foucault）、德希達（Jacques Derrida）等。

捷克布拉格查理斯大學（Charles University）教授丹尼爾・沙拉漢（Daniel Shanahan）在批判中承續了轉換生成研究模式，提出個人主義的譜系可以約略分成三個階段：古代世界的「模擬自我」（the analog self），從非主體經驗的沉浸中，進入到開始出現可以根據體驗來反思自身的主體意識；基督教出現後的時代，特別是奧古斯丁思想，人神溝通發生在內在的心理層面，自我從上帝處獲得個體的精神性和判斷是非的能力，也就是「外在授權的自我」（the authorized self）；宗教改革則質疑上帝的在場與否，所以個人需靠自己來承擔真理判斷的責任，使得個體的道德判斷完全主觀化，這也就是「內在授權的自我」（the empowered self）。在這歷史發展下，各式各樣的個人主義於焉誕生，而最主要的是占有性的個人主義、主觀個人主義和浪漫主義個人主義。而浪漫主義者認為個人是自我創生，自我發現，自我創造的來源；因為這樣的基礎，才有西方文明的出現，才有西方式的心理學和精神分析的出現。（參考《個人主義的譜系》，*Toward a Genealogy of Individualism*，沙拉漢著，儲智勇譯，長春吉林出版集團）

佛洛伊德晚期的作品《文明及其不滿》（*Civilization and Its Discontents*, 1930）中，對個人和社會之間的衝突，個人本我狂暴的欲望和社會為了滿足這些欲望而施加的限制之間的衝突，作了經典的論述。他在其他地方會有過反個人主義的反應，但在這論述中，正如他的大多數作品，佛洛伊德的立場是十分個人主義的。

然而在個人主義裡，人們能否找到原真性（authenticity）呢？沙拉漢教授是遲疑的。他認為，如果意識的出現以及作為個人主義基礎的每一事物都源自交互性的源頭，那麼個人主義的許多前提，包括個人主觀感知的優先性以及自我和社會之間的固有衝突等，都成了問題了。

相對於個人主義，沙拉漢提出多元主義的相互主體性（pluralistic intersubjectivity），通過對西方資本主義、拉美天主教文化和亞洲（特別是中國）文化等不同文化傳統之間的跨文化人類學研究，加以論證。

沙拉漢特別討論華人人類學家許烺光的著作《徹底個人主義的省思》（*Rugged Individualism Reconsidered*, 1983，許木柱譯，南天出版），「他的研究致力於証明，在西方當代學術和大衆思想當中起支配作用的個人主義的霸權是虛假的，它無法說明世界上大多數文化和民族的情況。」

河合隼雄和村上春樹也好，捷克的哲學家沙拉漢也好，甚至更早以前的華人人類學家許烺光也好，都一再指出：西方以外的文明或地區，將會有一條不同於西方的社會變遷過程。

從這樣的角度來看，我們社會的小富階層（而非全部）選擇了三代同堂來作爲下一階段的方向，也就沒啥好驚訝的。

是孩子太晚熟，還是一個新階段的誕生？

在現在的時代，在青少年和完整的成年之間，應該再加上一個新階段，也就是「成年湧現期」。

「教育部在高雄舉辦全國公私立大學教務主管聯席會議，高教司長黃雯玲表示，大學有責任了解學生『非學習因素』延畢的原因，例如是通識課程不足、必修課被『擋修』等，並提出進一步改善措施，設法協助學生順利畢業；爲督促各大學積極解決延畢生人數逐年攀升問題，大學降低延畢生成效將納入明年國立大學績效考評指標。

「教育部會有這樣的宣布，是因爲大學生延畢人數再創新高！該學年大學延畢生人數已高達四萬一千八百四十五人，比前一學年再增加一千五百零三人，已占畢業生比率十六・一七%，等於每六名畢業生就有一人延畢，許多大學爲改善非合理延畢現象，紛紛提高收費。

「根據教育部統計，大專校院學生延畢人數近十年來逐年上升，從九十八學年度三萬六千三百九十九人、九十九學年度三萬八千二百六十人、一百學年度四萬零三百四十二人，到一〇一學年度增加到四萬一千八百四十五人，其中又以私立學校所占比率高於公立。

「中山大學教務長劉孟奇表示，根據教育部曾做過的調查發現，因為成績因素延畢的學生頂多只占一成，多數學生是因為想延後入伍準備研究所，或是對就業環境沒有信心，希望延後進入職場而延畢，學校針對延畢生加收學雜費，恐無法有效解決延畢問題。」

這是二〇一三年六月報紙刊登的新聞。我想起夏鴻，一位許久不見的個案。不知道他是否也看到這則消息？

上學困難，上班更困難

夏鴻來到我的診間時，已經是三十一歲了。三年前，他從碩士班休學後，一直都沒去上班，甚至也不出門了。而碩士班，他讀讀停停，從大學畢業讀了五年多還是沒讀完。

很早以前，夏鴻的爸媽就問過他一句話，而我在見面後也同樣問了：「為什麼不去工作呢，既然書讀得不是那麼起勁？」爸媽問他時，也許彼此都有情緒，也許是關係太密切也就容易緊張；總之，夏鴻不作答，最後是和爸爸扭打成一團。那一場扭打，雖然被驚嚇的媽媽給拉開，後來也沒再發生，但夏鴻從此遇到爸爸就再也不講話，見面也不打招呼，甚至愈來愈是晝伏夜出，也就不容易遇見。

因為這樣，不知不覺就拖了兩年。這兩年來，媽媽屢次扮演苦口婆心的角色，好不容易才終於讓夏鴻來到我的診間。

剛坐下來的夏鴻，起初也不太作聲，只是習慣性地觀望。他邊幅不修，一頭亂髮不整，鬍渣也是胡亂分布在臉頰兩側，開始有點流浪漢的氣息了。特別的是他的體味，渾身不斷散發出來的味道，彷如窩在棉被裡發霉許久了，讓我必須提醒自己不要不自覺地屏住呼吸，免得我還沒瞭解的他，萬一個性太敏感，將誤會我的屏氣是對他的排斥或看不起。

我問他同樣的問題，故意有點輕鬆不經意地提起似的：「怎不去上班呢，反正碩士班看起來也不是很好玩？」

他停頓了許久，才喃喃說：「比上學還困難吧！」

而像夏鴻這樣，生命困在一個莫名狀態裡的年輕人，絕不是少數。佑詩的情形雖然完全不一樣，根本的問題卻是相同的。

佑詩是家人半哄半騙才來到我的診間。

爸媽先來找我，原來是擔心自己的女兒怎麼長久都不搬出去住。最後是媽媽施以苦肉計，說自己的憂鬱症相當嚴重（也的確急出憂鬱來了）需要佑詩的幫忙，才將她哄來我的診間。

佑詩已經二十九歲了。前一陣子還有一位男友，交往至少半年多了。最先是半夜偷偷帶回來，後來也就大大方方地打招呼，甚至還帶回來一起吃飯。在飯桌上，這男生也酷酷地不愛搭理別人。兩個人吃完飯就關起門待在佑詩的房間。大部分是一起玩電動遊戲，有時透過隔音永遠嫌不足的房門，可以清清楚楚地聽到兩人在親熱而毫不忌諱的聲音。

父母本來就是保守，自然有些按捺不住，只是想想佑詩近年和他們相處的狀況，也就沉住氣，當作沒這回事。

這些年來，從她在美國修完碩士回臺灣，似乎沒好好做完一份工作過。她的資歷是漂亮的（這點要感謝父母向來認眞地安排），所以應徵工作是無往不利。只是每次她做個半年或七、八個月，扣除掉出手大方買的名牌衣服包包，好不容易有了一些積蓄，她就辭職不幹，跑去歐洲住上一、兩個月，或是到蘇美島潛水、學瑜伽。

總之，從沒見她眞的存上一份錢，更沒掏錢貼補家用。甚至父母認爲既然勸阻不了她帶男友回自己房間親熱，索性鼓勵他們搬出去同居。佑詩卻斷然拒絕了，說她還不清楚是否眞的要跟這男生在一起。

父母的價值觀雖然保守，但對女兒的態度還算開明。即使是這樣，他們對女兒的想法還是無法理解。特別是，當這個女兒還是這樣賴在家裡（佑詩的哥哥和妹妹都有固定工作，甚至結婚了），他們的退休計畫不只是被打亂，甚至是永遠不確定下去了。

介於成年與青少年之間的夾縫

這樣的兩個年輕人，夏鴻是有些診斷名稱可以套上去的，而佑詩就難了。

在日本，八〇年代開始出現「登校拒否」的行爲，也就是拒學行爲（school refusal behavior）。這些拒絕上學的青少年，既不是像小學新生偶爾可見的那種嚴重的分離焦慮（separation anxiety），因爲離不開照顧他的媽媽，而造成上學困難；也不是過去幫派少年逃學（truancy）的反社會傾向。經常，他們只是較嚴重的社交焦慮。他們可能是連踏進一般的新學校或新班級都有困難，也可能在學校發生一些緊張的人際問題產生負面思考，從此啟動認知上的惡性循環，也就無法再回到學校了。

這現象從八〇年代開始在日本發生，一群退縮在家裡的年輕人成為普遍的社會現象，嚴重一點的甚至成為足不出戶的繭居族（hikikomori）；到了九〇年代，隨著他們長大，日本專家學者發現雖然不少人已經改善了，但很多人還是有融入社會的困難。

夏鴻的情形，大致是和這一切類似的。至於佑詩，嚴格說起來則是沒啥正式診斷。但是，民間非正式診斷的形容，倒是有一些，像是兩岸都很流行的「啃老族」，或是日本社會學者山田昌弘提出的「單身寄生族」，或民間通行的飛特族（freeters, free+arbeiter），也就是自由工作者。後來又有好過族（hodo-hodo zoku）、腐女、御宅族、電車男、下流人（指在社會階層面向下流動的人）等各有所指的名詞。但大致都是指應該成熟卻未獨立的二十多或三十多歲的資深年輕人。

這樣的情形，在世界各國其實都可以看到。特別是經濟發達的國家或地區。在美國，媒體同樣盛行著 twixter（betwixt / between 青少年和成年之間）和尼特族（NEETs, Not engaged in Education, Employment, or Training）；加拿大提出回旋棒世代（boomerang，源自澳洲土著的武器，現在是用來遊戲）；在義大利有 bamboccioni（意指大型的傀儡孩）一詞；在西班牙有 mileurista 一詞，形容以一千歐元維生的青年人；在北非或中亞的阿拉伯世界，則出現隔離青春（youth exclusion）一詞；在希臘最低薪資是七百歐元，媒體則出現「七百歐元之世代」（€ 700 generation），也就是希臘經濟危機這段期間示威最力，可是在投票前一夜卻因熬夜狂歡慶祝希臘足球隊踢勝俄羅斯，進入歐洲八強，第二天爬不起床去投票，而導致撙節派小勝的那一群年輕人。

這樣二十多歲到三十多歲的世代，似乎在許多已開發國家或城市，是一種普遍的現象。

在亞洲，日本是第一個出現這種情形的國家。但是現在，除了日本，韓國和臺灣也都很嚴重。進行拒學行爲這方面的跨文化現象研究的日本家族治療師兼精神科醫師田村毅，來臺灣參訪和教學過好幾次。田村毅醫師曾告訴我，連開放才二十多年的中國，在上海、廣州、深圳、北京這些地方，拒學行爲都十分嚴重。

這方面問題是如此嚴重，因此，美國社會學者亞奈特（Jeffrey Arnett）二〇〇〇年在《美國心理學家》期刊（*American Psychologist*）提出「成年湧現期」（emerging adulthood）這一名詞，認爲在現代，在青少年和完整的成年之間，應該再加上一個新階段，也就是「成年湧現期」。

在亞奈特提出這理論以前，這現象已經被普遍注意到了。像前述的各國媒體所出現的新名詞，其實就是不約而同地看到了這個已經無法不承認其存在的新趨勢。只是亞奈特首先以正向的態度，為這個現象提出辯解，認為這是必然的結果。

人類發展史上的新現象

亞奈特認為，處於成年前的湧現期的青年，是指那些「已經離開了兒童和青少年階段的依賴」，卻還沒辦法承受成年期應有的責任感的人，因而在愛情關係、工作和世界觀上，發展出許多可能的樣態。

在這定義下，成年湧現期也就成為發展心理學中一個新的、有待商討的階段。

在一般的社會學教科書裡，關於「成年」的定義裡，有五個標準是最常被提到的：完成大專大學教育，空間上離開原生家庭，結婚，有小孩，經濟上的獨立。

麥克阿瑟基金會負責「過渡為成年人」計畫的學者福斯坦堡（Frank F. Furstenberg）在二〇一〇年就表示：「有一個新的生命階段湧現了，在這階段，年輕人不是青少年，但也不是成年人。」而亞奈特在二〇一〇年《成人湧現期和青少年》（*Adolescence and Emerging Adulthood*）一書則提出這個階段的五個特色：自我認同的探索、不穩定、只關心自我、感覺兩邊都不是，和充滿可能性。

亞奈特提出這名詞後，學界和媒體界的反應相當熱烈。他似乎不只爲這個現象去汙名化，更是指出人類演化史上正在發生的現象。許多相關的書開始出現，甚至有研究這問題的學會和研討會。至於他自己，不只是因而成爲許多本學術書的暢銷作家，也透過網路積極進行相關的活動。

在人類發展史上，成年湧現期的出現，是可以從經濟和歷史的脈絡來談論的。在當今的產業化經濟、高度資本主義化社會或資訊化社會裡，年輕人需要更多的教育，才能勝任許多技術性或專業學術領域的工作。大學畢業後的繼續訓練成了必要，進入新階段的年齡自然也就延緩了，也允許更多時間的自我探索。

美國人第一次婚姻的平均年齡一直在增加，從七〇年代的女性二十一歲、男性二十三歲，到二〇〇九年女性二十六歲、男性二十八歲。美國媽媽們五四%受過大學教育，但同樣地，四十多歲女性中有二〇%沒有小孩。不論是女人受大學教育，還是女人沒有小孩，這在五〇年代的美國都被認爲不可思議。

這樣的情形同樣發生在臺灣。

我們父母親那一代不可思議的家庭計畫

現在回頭看臺灣過去的家庭計畫，更可以突顯這一切的差異：過去的家庭和生涯計畫，是如此不同於現在。

第一個提出來的家庭計畫口號是一九六七年的「五三口號」，當時的生育計畫是：「婚後三年才生育，間隔三年再生育，最多不超過三個小孩，三十三歲以前全生完。」如果三十三歲以前生完三個小孩，也就是女孩最慢在二十四歲以前就要結婚了。

我經常在演講裡提到這一口號，現場的聽衆幾乎無不流露出不可思議的表情。畢竟，對現代的臺灣人來說，女性三十三歲以前結婚就不算太晚了，根本很少生完三個小孩。

然而，對我父母而言，那一時代的軍公教階層，幾乎都是依循此原則而生了三個小孩。如果是四個小孩，往往是不小心懷了第四個。在那個時代普遍認爲結紮對健康是不好的，也就繼續用保險套避孕。這時，冒出第四個小孩了，原先害怕結紮傷身的母親們，才接受這種避孕法。至少，我們家便是這樣。

對現在習慣晚婚的這世代臺灣人而言，實在很難想像他們的父母或祖父母是怎麼結婚的。

一九四五年二次大戰結束沒多久，蔣介石率領國民黨追隨者在一九四九年來到臺灣，臺灣因此成爲所謂的「反共基地」。在這樣的情況下，「家庭計畫」的觀念被視爲減少反共大軍的人數，等於是協助共產黨來打擊國軍，因此被視爲大逆不道。直到十多年後，農復會主委蔣夢麟博士，在美國援助臺灣專家的大力支持下提出諍言，蔣介石才接受這小島養得起的人口是有限的，才有了家庭計畫的推展。

二〇一二年臺灣人的平均結婚年齡，男性是三十一・八歲，女性則是二十九・五歲；但在一九八九年，男性是二十八・八歲，女性則是二十五・六歲。

如果再往回推，回到十七世紀的西方或十九世紀的臺灣，我們更可以發現，在那個時代，連「青少年」這個階段也不存在於人的發展中。

在過去的臺灣社會，對青春期的說法是「轉大人」，也就是有了青春期，人的發展就從小孩變爲大人了。在這過程中，並沒有青少年的存在。

同樣地，我們看西方歷史也是如此。在莎士比亞的劇作《羅密歐與茱麗葉》裡，羅密歐是十六歲，茱麗葉是十四歲；而茱麗葉的母親當時是二十八歲，也就是母親是十三歲懷孕、十四歲就生下茱麗葉的。然而，並沒有人認爲這是未成年婚姻，更沒有人認爲他們是青少年不可以有性關係。因爲，在當時的西方，並沒有青少年的觀念，只有小孩和大人之分。也就是說，羅密歐與茱麗葉都是成年人。

不只是西方歷史，其實整個人類的歷史都是如此。

最初的歷史，his-story，「他的歷史」是指男人的歷史，而且是男性成年人的歷史。不要說青少年，連兒童都不存在。

法國著名的中世紀學者菲利浦•阿利斯（Philippe Ariés, 1914-84），在他的名著《兒童的世紀》中，便開宗明義地指出：「傳統社會看不到兒童，更看不到青少年。兒童期縮減爲兒童最脆弱的時期，即這些小孩尚不足以自我料理的時候。一旦在體力上勉強可以自立時，兒童就混入成年人的隊伍，他們與成年人一樣地工作，一樣地生活。小孩一下子就成了低齡的成年人，而不存在青少年發展的階段。」

兒童被視爲「人」，是中世紀後期的現象。當時的西方才開始出現「家庭」這樣的情感場域。而青少年更是工業社會以後才出現的。

所以我們世界的歷史，也就是有了文字以後的歷史，衆所皆知，是出現在漁獵時代的母系社會被農業社會取代以後。在這歷史中登場的，先是男人，然後是女人（婚姻制度出現了），然後是兒童（家庭觀念出現了），然後才是青少年（國民教育出現了，學校出現了）。

如果青少年這觀念都可以遲遲到工業社會才出現，那麼後工業社會再出現一個

「成年湧現期」，又何嘗不可呢？

轉換一個觀念，一個角度，或許就柳暗花明

我們應該如何面對這一個新世代呢？

新時代的變遷不只帶來人類發展的新階段，更讓我們在這些新階段中看到許多新的現象和新的行為。

將這一切新現象和新行為加以疾病化、異常化或醫療化，不應是唯一的方法。甚至，用這樣的負面態度來面對新事物，可能反而對涉及其中的個人和家庭產生惡性循環的效果，進而造成滾雪球效應，發展出不可收拾的後果。

雖然，不可否認地，其中的一些人也許眞的是符合疾病的標準，譬如夏鴻的過度迴避顯然就有些嚴重了。然而，佑詩的行爲或人生觀，恐怕是因爲這一新階段的出現才湧現的新現象，說不定將是未來世界裡生涯規畫新趨勢之一。

然而，即使是夏鴻這樣確實較嚴重的情形，也不可否認，如果我們固守著原本的價值觀來看待這些新現象，雖然出發點是想幫助年輕人，最後其實反而變成像夏鴻這類年輕人的另一股壓力來源，甚至還助紂爲虐似的，推波助瀾地惡化了他們的

處境。如果夏鴻是活在十年後或二十年後的世界，這情形更普遍，也更廣爲人知了，那麼，他也許不只是不會那麼痛苦，他的內向行爲也可能因爲這世界對這行爲變得較容忍，他也就比較能接受自己。如果，遭遇的阻力少了許多，不論是面對家裡頭的情形還是外面世界，他本身都容易適應多了。

這是問題行爲嗎？還是提早出現的未來常態？

也許，臨床工作者也好，甚至父母也好，我們都應轉換一個角度，甚至換一個腦袋來看看這個嶄新的世界。

是父母不成熟，還是這時代晚熟了？

現在的父母不成熟，過去的父母恐怕也很不成熟。只不過，過去的父母有整個家族或鄉里在督控和支援，甚至可以說，是整個家族或鄉里一起帶大這個小孩。

在二〇一三年六月的一次兩岸會議中，遇見一位廈門來的先進。當時正是午餐，來自大江南北的心理治療界同行，不免乘機熱絡寒暄。

這位陳姓教授說起那兩天正在高考的女兒，一方面是擔心，一方面也是安慰自己：「反正，平安就好。」他說，從小就告訴女兒生命的優先順序：「最重要是身體健康，其次是心情快樂，最後才是功課。」沒想到去年將升高二時，女兒班上的導師找父母約談。原來導師認爲女兒沒盡全力衝刺，沒想到女兒老老實實將老爸平常掛在口頭上的「生命順序」，一五一十地告訴了導師。而這位聽了「最後才是功課」的道理而有些氣惱的導師，其實也是認眞，就立刻約了家長。只是，巧的是，待這位陳姓教授和太太一起到了學校，年輕的導師才認出原來這所謂「滿口歪理」的家長，竟是自己當年師範大學時親炙其門下的教授。

廈門的這位教授表示可以理解年輕老師的求好心切，還有明星學校給老師們的壓力，包括以升學率來敘薪等等：「可是，看了那麼多失去年輕人的可憐家庭，想想還真的是健康就好了。」

父母遭不確定的未來給綁架了

原來，雖然中國自一九八○年才開始全面施行一胎化，但七○年代中期在某些城市就有選擇性的鼓勵和要求，迄今也快四十年，也就將近是快兩代了。在二○○○年代初，一九八○年代的第一批獨生子女已達適婚年齡，許多地區（特別是經濟發達城市）雖然政策稍有調整，計畫生育有一定放鬆，有條件地允許獨生子女夫妻生第二胎；只是，這畢竟是少數。

這些年來，父母都是一胎化時代長大的所謂獨生子女夫妻，開始有小孩上高中，甚至大學。沒想到，這六個大人（除了父母還有兩對祖父母）寵愛有加的寶貝年輕人，竟然先撒手人寰：重病、車禍，特別是自殺。就生育年齡而言，父母這時可能已經是不容易受孕了，這位年輕寶貝的離去，也就意謂著兩個家族的絕後。在大陸，他們將這樣的家庭特別稱作「失獨家庭」，失去獨生子女的家庭。如果有父母、祖父母、外祖父母，也就是每一個年輕人的死亡背後有六個無後的人。對傳統觀念而言，無後就是沒有生命意義，因此，對大陸心理界來說，有六百萬個難治療的憂鬱病人。

於是，白髮人從此憂鬱不起的有之，逼兒子離婚再娶年輕女性的有之，甚至祖父母自殺的亦有之。

同桌午餐的都是大陸各地的心理專家，有的甚至是負責大學裡的心理衛生，學生自殺防治的問題都有一籮筐說不完的難題。一位北地來的教授，甚至嚴肅地說，這樣喪失子女又不能生育的家庭，估算起來已經超過一百萬個：「這也就是說，有六百萬個可能抑鬱或自殺的高危險群。」

這也就是廈門的陳姓教授會說「最重要是身體健康」的原因了。

同桌還有另一位臺灣來的同行先進。散席後，我們倆繼續這話題。一方面是驚訝中國都會地區中產階級如此強烈的傳統家族觀念，一方面也擔心反而造成過度保護了。這同行倒也反應靈快，說：「還是擔心我們臺灣自己的小孩吧。哪個父母不是提心弔膽，擔心小孩有意外，而不知不覺過度保護了？只不過，他們現在經濟正飛揚，遍地是機會；我們經濟不容易再成長，父母對子女多一項競爭力的擔心。如此而已。是五十步和一百步的差別。」

想想，兩岸的父母都還眞是被這不確定的未來給綁架了。

優秀的獨立性格來自不盡職的父母

姿顏是因爲清清楚楚的憂鬱症才來到診所的。

所謂「清清楚楚的憂鬱症」，指的是完全符合美國精神醫學診斷及統計手冊第四版修正版（DSM IV-R）的診斷標準。如果依操作手冊，這時應該給她包括抗憂鬱藥在內的幾種相關症狀的處方。

只是，這樣夠嗎？甚至，非這樣不行嗎？

姿顏說起近一年多以來的情緒，愈來愈低落，往往半夜一個人在自家屋子就莫名掉淚了。這房子原本是夫妻兩人配合彼此上班地點才挑選的，沒想到不到一年，先生就高升到成都工作了。邁入四十五歲的姿顏，雖然上司如此欣賞，計畫要指定她當退休後的接班人，可是，一點興奮感都沒。

這十多年來，姿顏其實是在女強人的表相下，隱藏著一個傳統的身影。她一直企盼有個孩子，也持續尋訪所有的西醫或民間醫療。儘管目前還繼續努力著，卻因爲努力久了，愈來愈不抱希望，反而像是一種許久以來的反射動作，一成不變地填補生活的空洞。

整個人終於崩潰的那天，是因爲父親又打電話來需索一筆款項，說他前一陣子投資朋友的小生意被騙了，需要三十萬元周轉。姿顏知道這是父親例行的謊言，但還是二話不說就匯給他。

那一天，姿顏還是繼續上班，眼淚一直留到回三峽一個人的家之後，才終於潰堤般狂洩而出。

我在臺大門診遇到姿顏時，是按號碼依次序叫號的。輪到她時，還是精幹上班族模樣，正用手機俐落地交辦工作，完全沒法聯想到憂鬱症三個字。

但她說起自己下班以後一個人的處境，甚至是白天上班，表面還是十分有效率，但自己卻很清楚是強行撐住，整個能量指數已經掉到最低點了。可是，她說能不能不吃西藥？因爲，她現在正用中藥調理身體，想再試試能否懷孕。

我知道對這年紀的傳統價值觀女性，懷孕生子比任何事都重要。於是我規定她如何應用生活作息方式，包括運動等等，先來幫助自己，也要求她固定的門診密集會談。因爲這樣，才清楚姿顏成長的來龍去脈。

十二歲父母就離婚的姿顏，似乎一直處在工作狀態。因爲總是識人不清而永遠投資失利的爸爸，是她從小就十分操心的對象；喜歡有空就小賭一把的媽媽，總是哭哭啼啼說沒錢過日子，更是小時候最淒慘的記憶。在這兩面夾攻下的她，從中學開始打工以來，經常賺來的錢不是立刻交給父親就是母親。一晃眼，三十年過去了，她還是在扮演這角色。

憂鬱可能是獨立盔甲崩潰的徵兆

先生婚前就知道姿顏必須照顧父母。他不知道的是，她父母是從她十二歲，甚至更早以前，就必須照顧的。

然而，金錢的照顧並沒有表面上的單純。

或者說，如果所有的照顧很清楚地只局限在金錢上，問題也就簡單多了。

每一次父親或母親來電話，內心就是揪了一下，又一次確信他們個別的日子都還是不好過。有時，甚至連父親的女朋友或同居人也打電話來借錢，身爲女兒的姿顏更是感受到父親自己生活上的不堪。

這樣的情感負擔，這種莫名的擔心和著急，早在中學打工可以幫他們以前，甚至在十二歲他們還沒離婚只是吵吵鬧鬧以前，就一直都是存在的。

我在門診沒辦法很深入地談。但是，如果可以分析取向一點，說不定姿顏從小就有莫名的自責，以為自己是父母婚姻不幸而導致日後各自不幸的主要因素。

我只是等待適當的時機，在姿顏哭泣的心情稍微喘息之際，輕輕地說：「妳還記得嗎，從多久之前，妳以為再過一陣子爸媽就會懂事照顧自己，丈夫會開始瞭解堅強表面下的妳是脆弱而需要照顧的，甚至以為只要時間到了，自然就會懷孕有小孩？」我稍稍停頓：「然而，這麼多年過去了，父母還是一樣老是闖禍，丈夫還是以為妳很堅強，而小孩這件事還是遙遙無期。妳從少女，等到現在已經是中年婦女了，而所有的事都沒有一點進展。如果我是妳，我對人生早就開始困惑，不知所措了。」

有些時候，真正的崩潰是治療憂鬱的必要手段。

許多憂鬱是源自像姿顏這樣，對某一套價值觀的堅持幾乎到了執迷不悟的地步。他們的價值觀通常沒浮上意識層面，也就是從沒有好好的想過一遍，卻是早早就有清楚的一套藏在潛意識深處。對姿顏來說，她的是：「父母有一天會瞭解我的付出而誇讚我，丈夫終有一天一定會知道妻子需要呵護，而女人結婚一定就會有小孩。」

只是光陰過去了，卻沒有任何跡象證明事情會發生，一點一滴的幻滅感也就逐漸浮現。

真正的崩潰不只是情緒上的，更是原來價值觀最終的瓦解，是一種失落，一種不可避免的哀悼。這同時，更可怕的是茫茫然的困惑：再來呢？

榮格探索這部分比任何心理學者都深切，他認爲人們一直是持續成長的（即自性化，individuation），其間會有一次或多次的轉化（transformation），也就是舊的價值觀被迫拋棄，而新的或早或晚將突顯。

只是，在這過程中，從原來的價值觀開始動搖起，憂鬱症狀就會浮現。當舊價值觀終於幻滅，也是憂鬱最嚴重的時候。而且，這並不保證每一個人都會找到新的價值觀。這一條路是走在生命的幽谷，是人間和冥界之間的凌波（limbo）地帶。然而，問題是幽谷不一定有盡頭，越在凌波地帶上可能不小心就掉進冥界。

這情形，抗憂鬱藥也許可以保護人不會掉下去，但卻對新出口的尋找，大多而言並無幫助。而且，這時生命力已經極脆弱，稍稍的藥物副作用都可能抑制了大腦僅存的活動力。如果眞的是這樣，人的狀態只是被藥物凝滯在時間不動的狀態，沒有危險，卻也沒有所謂的治療。

和父母之間建立界線的必要

我不知道姿顏的未來會如何，深度的心理治療會帶來多大的改變。這影響將不只對她，也包括對她的生命中所有的親密關係。

但我確切知道的是：如果這治療可以在她和父母之間建立起一道適當的界線（boundary），一種距離，讓她在面對父母時能夠維持某種程度的拒絕，那就可以讓她不再像以往一樣，只因爲他們是父母就要求自己扛起一切，甚至讓自己再度受傷。我也沒法改變她的父母，沒法改變她自童年以來遭受的傷害，但若至少教她保護好自己，這一漫漫心理治療之路也算是成功了。

張老師文化公司曾經出版過一本書《父母會傷人》，原書名就叫Toxic Parents，有毒的父母。有些父母，其實是有毒的；而且，還眞毒。

我眞敬佩姿顏，居然可以承受這種愛的傷害這麼許久。

我也困惑，如果是在她的青少年時期就遇見她了，又可以怎麼辦？那時的她沒有憂鬱等等症狀，甚至是早熟懂事，比同學都更自律認眞。我除了和一般的師長一樣地誇讚這一切其實是在戕害她自己的「美德」之外，究竟又能做什麼？我是能告訴她：「妳不必這麼成熟，妳父母才是該成熟一點的人！」只是，這些話語，能起任何作用嗎？

對於不成熟的父母，我們又能如何呢？

蘇珊・佛渥德博士（Susan Forward, PhD）是《父母會傷人》的作者。這本書在二〇〇二年出版，一出版立刻躍登紐約時報排行榜二十來週。除了這一本，她的著作單單已譯成中文的就包括《情緒勒索》（*Emotional Blackmail*, 1998，智庫出版）、《男人都會犯的錯》（*When Your Lover Is a Liar*, 1999，經典傳訊出版）……等。這一連串的書，不僅都是暢銷榜上有名，每本書各有不同的討論主題，但都是關於各種親密關係的黑暗面。

二十世紀末，像蘇珊・佛渥德這類的作品，忽然開始在美國暢銷起來。有些社會批判理論的學者談起這現象，大多以美國家庭神話的瓦解來討論。有些更犀利的評論，甚至質疑：真的存在有心理學（包括精神分析和心理治療在內）所假設的那種理想父母真的存在嗎？如果沒有，爲何心理學假設他們是存在的，而且是普遍存在的，而不夠好的父母只是少數？

也許父母，就像人類其他的社會角色一樣，在眞實的世界中都是以自我爲中心的心態存在著。人類所歌頌的母愛或父愛，都只是局限在孩子語言能力有限、認知能力有限的階段。

而成熟的、負責的父母，原本就是罕見的存在。偶爾的片刻出現一下，便足以支撐家庭和父母相關的神話。就像在華人文化裡，「孝順」就是以父母形象爲前提，而建立起這一整套的神話。

男性的英雄之旅

週末參加一個在臺灣師範大學舉行的心理治療工作坊，主題是關於榮格學派的男性原則。

那一天的太陽好極了，校園裡新綠的草地在陽光的照耀下顯得更青翠。正如室內正熱烈舉辦的講座，精采的程度一如這晚冬的陽光。

站在講台上的是舊金山來的榮格學派心理學家萊莎•若薇茨（Liza Ravitz），她正講述男性的成長歷程，從男孩、戰士／英雄、父親，到智慧老人。這是她這一年來的系列工作坊，是繼續前兩次關於女性發展的主題之後的延伸。

「然而，並不是每個人都繼續往前邁進。有些時候，即使是已經有小孩，身爲父親了，他們可能還會嫉妒自己兒子日益健美的青春，嫉妒兒子被母親（也就是他的妻子）如此深切的疼愛。同樣地，做母親的，也可能因爲她的先生／孩子的父親，對成長中日益美麗的女兒的誇讚，而感到吃味。」

一個男人進入父親階段，意謂著他開始調整過去與男性同儕間的競爭關係，漸漸減少比重，轉而進入一個新的階段，對外願意呈現更多讚賞、照顧和分享，對內在也開始接受自己下滑的生理狀態。同樣在是籃球場上，他們不再是炫耀自己在同儕中的馳騁，而是教導自己小孩基本動作，與青少年兒子鬥牛卻承認自己寶刀已老，甚至坐在一旁做他們最好的啦啦隊而非教練。

然而這往往只是一種理想，現實的生活裡，這樣的爸爸極其罕見。

上課時，我聽著榮格學派關於男性的理論，想起這週才回診的一位男性個案。

士敏是多年以前的個案，當初是父親心肌梗塞忽然過世，自己陷入莫名的情緒，而來尋求諮詢的。

一開始我以爲是失親的傷慟，甚至治療當時也仍然以悲傷爲主要架構，只是因著他的悲傷中有著罕見的巨大罪惡感而稍稍修正。

士敏懷著罪惡感和悲慟來到治療室。從高中以來，父親就不斷逼他繼承家業從商，不惜嘲笑他所熱愛的藝文創作，甚至還在學校的展覽現場當面羞辱士敏當時最崇拜的美術老師。

而這衝突一直陸續不斷，反而讓士敏更是執意走上這一條路，包括後來讀工業設計系、從事廣告工作、經營個人工作室。許多年過去了，每次家庭聚會，父親還是不假辭色地嘲笑他的工作，說他賺沒三兩銀子，說自己當年的收入已經是士敏的十來倍了。甚至還對士敏的女朋友諷刺說：「這樣的男人，妳怎麼敢嫁他？小心餓死。」

我們的會談持續了半年，士敏才好不容易稍微擺脫了罪惡感的沉重負擔。當時，會談的重心多是放在士敏的叛逆，這些年來許多忤逆的話語等等。我們在會談過程中，包括用空椅子等等技巧，讓士敏來不及表達的自責和後悔，得以紓解。

與自己兒子爭寵的父親

這次見面離上次已經將近四年。士敏結了婚，也有了一個小孩。

這次問題是出現在他搬出去以後，母親不斷地干擾，每次遇到親戚就不斷控訴士敏的不孝。士敏說，當初是媽媽抱怨住在一起要幫忙帶小孩、當老媽子，再加上有了小孩，房子的確太小了，也就在媽媽沒反對的情形下搬出去。沒想到，他和妻子及小孩的生活愈來愈緊密，媽媽反而開始責備他是有陰謀地騙她而搬出去的。

在會談室裡，長大後的士敏比以前穩重多了。他說，這次想來，倒不是計畫再一次長期的心理治療，而是一次性地諮詢。他對母親的行為看得愈來愈清楚，卻不知如何去解釋。

這些年來，隨著媽媽的四處控訴，許多長輩愈來愈受不了，忍不住跟士敏說起許多陳年往事。原來，自己的父親一直到死前都還在抱怨祖父母因為沒錢供他上學而誤了他一生；年輕就上臺北的父親，在工作場合認識了母親，但帶回南部老家卻遭祖父母反對；父親原本想分手，但母親卻以自殺相逼；母親後來以這原因，拒絕接年老後的祖父母北上同住，祖父母只好一直在兩個叔叔家輪流住等等。

士敏說起自己的童年，在小學以前都是在嘉義鄉下度過的。他從一出生，就被父母帶回南部給祖父母帶。祖母很疼他，甚至說他是自己的么兒子。然而，祖父母搬上臺北後，每次他要去叔叔家找他們，都惹來父母一番怒罵。

他說，那一天，他聽著叔叔又提到一些陳年往事，忽然才想到：父親從小就都很氣他，是不是因為父母恨祖父母，於是牽連到他身上？

我想起以前跟他會談時，他也提過父親和叔叔們不和，一點都不像大哥的樣子，經常幼稚地問祖父母自己是不是比兩個叔叔還讓他們有面子。於是，不禁問他：「有沒有這種可能：你父親一直都在計較他沒得到父母的愛。他和你的兩個叔叔爭寵，甚至也和你這個祖父母最疼愛的老么爭寵。這種爭寵是潛至無意識層次的，於是對你從小所做所爲的一切都要加以貶抑，他才覺得自己比你棒，比你更值得他父母的愛？」

我繼續說：「而你媽媽，他的太太，兩人一樣都是從沒有眞正長大。總是在跟所有人計較和競爭，甚至連自己的子女也是如此。在潛意識裡，她無法忍受你們的生活不是以她爲重心，她不再是大家注意的焦點。所以，才不斷地批評，不斷地對你們夫妻做這種情感的需索？」

自戀父母視子女為自己的延伸

九〇年代，美國和英國分別有人提出自戀父母（narcissistic parents）一詞。李維（Stephen E. Levis）表示：「自戀父母是以極其親近、近乎占有的方式來對待小孩，因此對小孩的逐漸獨立特別吃味。……面臨子女的獨立，自戀父母將有失落感；孩子過去是他們尊嚴的重要來源。」而史丹福（David Stafford）則稱這現象爲自戀依附（narcissistic attachment）：「子女的存在永遠是爲了父母的利益。」

美國心理學家拉普波特（Alan Rappoport ）指出：自戀父母「對小孩行爲的要求，是基於他們視子女爲自己的延伸；因爲他們需要子女來代表自己，於是要求子女依他們的方法生活，唯有這樣才可以符合父母情感上的需要。」自戀父母於是常常說：要「將火炬傳下去」、「維護家庭的形象」、「讓爸媽驕傲」等等，也常指責小孩「表現太弱」、「太誇張」，沒達到應有的水平等等。

小孩常被要求扮演他們的角色，甚至每逢外人來就不自覺地表演他們的專長，來讓父母有面子。反之，在孩子的童年記憶裡，很少有被父母單純地疼愛或真誠讚賞的記憶；所有愛和讚賞的記憶，就是和自己符合父母的要求有關。

這是一般的狀況。

然而，像士敏這樣是更嚴重的。他父母無法將他視為自己的延伸，是因為他已經是祖父母的延伸了。因此，他反而被父母視為競爭對手。

像士敏這樣的例子，在臨床上經常可見。

有時，幾個同樣是心理治療工作的朋友一聊起來，會談到各自在臨床上遇到的相似現象，不禁會問：難道現在的父母愈來愈自戀，或者說，愈來愈不成熟？

用萊莎上課所講的榮格理論，父母雖然已成為父母，但心智上還是孩子或戰士，還想要獲得注意力，想要更多的競爭和勝利；而子女變成了這些需要的工具罷了。

昔日社會關係有助於家庭的資源已消失

現在的父母是否愈來愈不成熟，是一個不容易回答的問題。臨床遇到的個案畢竟是少數，不能代表大多數，這是一個原因。另一個要考慮的是，現在父母不像過去有十足的支援，現在父母是單兵作戰。

在過去的時代，雖然體罰子女是常態，是十分普遍的行為，但幾乎沒聽過有像現在將子女活活打死的新聞，因為過去的父母固然認為教訓自己的小孩是合理的，但在過去的社會關係裡自然會產生足夠的監控效果，監控著包括父母在內的每一個人，讓父母的行為受到約束，而不致於失控。然而現在，雖然有法律保護小孩，也較少體罰小孩了，但是小孩被極端地體罰，甚至被失控的父母給活活打死的事件，幾乎是有增無減。

同樣地，社會關係網絡也是最主要的日常生活知識寶庫，是現在任何一個人再怎麼認真吸取知識都比不過的。過去的父母有任何做不對的地方或不懂的地方，自然有家族或鄉里裡的長輩或同輩，會出面糾正，會主動教導。在過去社會，親職工作（parenthood）原本是隨時可學習、可獲得、可被支援的，根本不需要任何親子教育專家。

現在父母也許不是比以前的父母不成熟，而是失去了這個支持網絡。

父母原本就是在不成熟中學習，是先有了小孩才慢慢學做父母的。現在的父母不成熟，過去的父母恐怕也很不成熟。只不過，過去的父母有整個家族或鄉里在督控和支援，甚至可以說，是整個家族或鄉里一起帶大這個小孩。希拉蕊還是美國總統夫人時，她就引用了那一句印地安人的俗諺：「每個小孩都是整個村子一起帶大的。」

關於這一點，我自己從小在鄉下長大的經驗就是如此。

當年我家住在南投縣竹山鎮，一個典型的傳統社區。有時父母要去鄰鎮吃喜酒，也許是斗六，也許是草屯，三、四十公里的距離，騎摩托車一趟要一個多鐘頭。因此，每逢這情形，媽媽在我上學時，就會給我十塊錢，交代是買晚餐用的。

在我的童年，每天的零用錢是五毛錢。這在同學之間雖然不是頂好，但也算是不錯的了。自然地，十塊錢就像一大筆財富。於是放學時，我也許先去菜市場吃一碗兩元的蚵仔麵線，也許去抽尪仔標，也許再去廟口吃肉圓加豆腐湯，直到十塊錢花完才依依不捨地回家。而小鎮安靜得快，我四點下課，十點多回到家算是很晚了。

我自以爲神不知鬼不覺的，沒想到沒兩天就挨媽媽竹仔的鞭打了。原來隔壁鄰居純粹聊天不經意問起：「那天妳兒子很晚才回來，是不是開始補習準備初中考試了？」

在過去，鄰居經常會彼此談天，自然也就形成一道保護網。

過去的父母當父母很容易，不必每天盯著小孩，自然就有幾十個同一社區的人幫你盯著。同樣的，過去當父母很容易，不需要學任何的親職教育，因爲幾十個鄰居都是你的智庫，也是你的支援系統。這樣的隱形網路，有一陣子是很受到批判的。因爲這樣的結構，一方面固然有上述的功能，另一方面卻是約束，個人不可以有太多與衆不同的個人風格。這也就是法國哲學家傅柯所指出的社會控制。

只是，我們談這個社會控制談太多了，卻忽略了它扮演的功能。

親職教育是傳統社會關係沒落後的產物

等到了這種傳統社區隨著資本主義的發達而不見了，大家的生活越來越富裕卻也越來越辛苦，但還是沒想起曾經存在卻被忽略的許多美好。

過去的社會，父母從來都不曾像現在的父母這般的焦慮。因爲集體的智慧和集體的資源才是眞正的父母。我們姑且稱之爲集體的父母。或者說，過去的父母可能也很不成熟，但是他們的父母功能是透過集體，所以也就不必眞正的成熟。

現在的父母，除了要為子女準備好足夠的物質生活環境和情感生活環境，還要對小孩成長相關的知識有足夠的瞭解，對自己的執行能力（包括對自己情緒的掌握）有一定的要求。這樣的條件，即使在西方，也都是二十世紀以後才出現的情況。

父母親職（parenting）的觀念，雖然是可以追溯回一八○○年，包括母親為母職而聚會的紀錄，也包括美國在一八三二年創刊的《媽媽雜誌》（Mother's Magazine）；但親職在西方真正成為全民運動，是二次大戰以後的事了。

當時，二次大戰破壞了傳統的家族和社區。即使是像英國這樣的戰勝國家，戰爭時在德軍飛機的轟炸下，兒童被集體遷徙到鄉下形成新的寄宿學校生活，而父母或祖父母的死亡也是十分平常的事；自然地，原來的集體父母也就不見了。再加上戰後資本主義迅速發達，人口更是普遍湧向都會城市，父母也就成為單兵作戰的狀態了。

因為父母是有史以來第一次單兵作戰，第一次幾乎是毫無奧援，親職教育於是興起。在美國，出現了史波克醫師（Benjamin Spock, 1903-98），這位小兒科醫師的著作《嬰兒及兒童的照顧》（1946）成為有史以來銷量僅次於聖經的暢銷書，甚至前兩年他過世後又出現第九版，還是依然暢銷。同樣的，在英國，也有小兒科醫師兼精神分析師溫尼考特（Donald W. Winnicott, 1896-1971），他在英國國家廣播電台長年和父母談育兒經，收錄成數本書，現在成爲兒童心理學專業人員的必讀書。

親職教育的崛起，反映出現代父母的焦慮。

過去從沒普遍存在過成熟的父母；過去只有在集體父母協助下的父母親，也就看不出是否夠成熟。可是現在的父母可能是人類史上第一批獨自面對親職工作的父母，甚至還有很多單親爸爸、單親媽媽，也就出現普遍的焦慮。

過去的人，要發展自我是很困難的，因爲集體的幫助也帶來集體的監控；現在的人，要發展自我也是很困難的，因爲很多學習的資源都看不見了、也找不著了。

在現在這個社會，小孩有可能在人生的盡頭可以修成智慧老人嗎？

中午工作坊暫告一段落，我走過師範大學的陽光草坪，小孩子們在父母的陪伴下興奮地奔跑玩耍，不禁令人好奇：這一草坪的可愛小孩，有哪幾個長大以後可以成爲成熟的成年人？

輯二

我的未來只是夢？

年輕人需要更多的信任，不是只有擔心

對年輕人未來的焦慮，其實是成年人們將自己對當下處境的焦慮，投射在他們身上。成年人固然關心年輕人的未來，但是，他們可能沒意識到自己其實是更擔心自己的處境。

關於青年的未來，人們最關心的就是年輕人是否有希望，是否能成功。因爲大家對這問題是如此關切，各種相關的話題也就成爲新聞焦點。該不該去大陸工作是爭議所在，十二年國教會不會拉低年輕人的抗壓能力令人擔心，連出現一位新進警察是媽寶也成爲話題。當然，最熱鬧的爭議，莫過於王品集團董事長戴勝益「跟父母要錢，千萬別儲蓄」的談話，和更早以前《今周刊》出現的封面故事：〈清大畢業生爲何淪爲澳洲苦勞？〉。

今日年輕人前途茫茫？

二〇一三年的中興大學畢業典禮上，受邀致詞的王品集團董事長戴勝益以幽默口吻勉勵大學畢業生，月收入低於五萬元，「千萬別儲蓄」，應拿來拓展人際關係累積資源。這番話立刻引起一片撻伐。大家都是集中在「跟父母要錢」這句話上面，幾乎沒人注意到他的講題：「出社會後避免受傷害的五個法則」，更不用說這五個法則是什麼。

戴勝益先生這五個原則的看法，其實對將要踏入社會的年輕人是十分受用的。然而，其他的成人們，特別是那些以父母角色自居的發言者，更是如此。這究竟是怎麼回事，爲什麼戴先生對年輕人用心良苦的談話，卻引來一片批判？

關於這一點，也許要還原戴先生當天的談話。

戴先生的演講是有備而來的。他不只維持向來的幽默風格，還帶著鍋鏟、筷子和一疊二二K千元大鈔等道具，是相當認眞準備的。

「你自己認眞，別人就會當眞。」戴勝益一開始就舉自己穿著西裝且三天前先理髮準備爲例，勉勵中興大學應屆畢業同學，凡事要認眞以對，唯有自己認眞，才會得到認眞的回報。他表示，中興大學爲了邀自己演講，「三個月前開始聯繫，且每兩天確認一次」，使自己深受感動且覺得「責任很重」，所以自己三天前特地理了頭髮、整理儀容，還特別穿西裝前來演講。

戴勝益強調：「人家這麼認真，我當然要更認真。」

道具中二十二張新台幣千元鈔票，是戴先生用來形容職場新鮮人剛出社會收入只有二二K至二八K不等。他要同學「千萬別儲蓄」。他說，所有理財專家都在勸年輕人出社會後就應儲蓄，但這是錯誤觀念。許多在臺北工作的年輕人，領微薄薪水，要租房、吃飯又要儲蓄，於是不敢參加社交活動，久而久之，把自己的人緣縮到只剩桌子及電腦，而變成宅男宅女。所以他說，為了避免成為宅男宅女，在月收入達到新台幣五萬元前，都不要儲蓄。他鼓勵年輕人把所賺來的錢，拿來拓展人際關係，累積資源。

自己穿了一身平價品牌西裝的戴勝益也說，不是穿名牌才叫成功，不要把穿戴名牌當成人生目標，這反而會阻礙未來的成功，他的意思是把辛苦賺的錢，用在有意義的地方。

至於鍋鏟，戴勝益說，小時候自己性子急，看媽媽煎魚，覺得老媽煎魚時火又小、速度又慢，所以有回他搶過鏟子用大火煎，結果魚不只焦了，頭尾也分得老遠。戴勝益藉著小時候看媽媽煎魚的經驗告訴同學：出了社會要懂得「忍耐與等待」，要懂得水到渠成的道理，「小火煎魚，正面兩分鐘，反面兩分鐘，加起來不過四分鐘也就煎完了」。他告訴同學，全世界沒有用「快」就能達成目的的例子，例如人一輩子換五次以上的工作，易失去別人的尊敬，因爲這代表這個人耐心不夠，他鼓勵學生必須培養耐心及等待，才有機會。

此外，「生產器具減半，製造時間要加倍」是一般認知。戴勝益卻舉起一雙筷子問同學：「假設用兩根筷子夾一百顆花生要十分鐘，那用一根筷子夾要幾分鐘？」他用筷子強調合作的重要性：出社會後千萬要記住「人緣第一」才能發揮專業。就算很有能力，但是人緣很差，別人不跟你配合，「你就死了」，所以千萬不要恃才傲物。演戲可以彩排、人生不能重來，期勉畢業生要把握當下。戴勝益用此例提醒同學，出了社會「人和重於一切」，要讓別人願意跟自己合作才會成功，「否則就算是黃金做的筷子，只有一根也啥都做不成」。

對未來的集體焦慮

最受議論的部分，是戴勝益提出「父母對子女的投資栽培，起碼要持續到孩子出社會三年以後」的主張。他表示，很多父母在子女出社會領到第一份薪水後，就任由孩子自己闖盪並要小孩「不要亂花錢」，但他認為，這樣只會限縮孩子參與社會的機會，最後就愈來愈宅了。

這話題引起廣大的爭議。許多人以父母自居，斷章取義地認為戴勝益是鼓勵孩子依賴。倒是台積電董事長張忠謀的回答比較中立，他在股東常會後接受媒體訪問時表示，同意戴勝益的看法。張忠謀說，如果月薪不到五萬元，要存錢也存不了多少，可以投資自己，只是投資自己的方法有很多，有教育性的旅遊，有的則是交際。

說法受到扭曲的戴勝益先生，在媒體壓力下，過兩天澄清說：他的本意是要把錢花在拓展視野跟人脈上，不是要年輕人向父母拿錢當「啃老族」。

這輿論的攻擊可能太厲害了，戴勝益先生於是畫蛇添足地新增附加條件，認為靠家裡的時間應只限「畢業後的前三年」，如果三年後還賺不到五萬，就該自己負責。而且表示他這套「人脈論」是有附加條件，「前三年都應該要有這樣充裕的空間和金錢，能夠讓自己走得出去（交朋友）」，若三年後還沒有達到月薪五萬的水準，那就是「自己的能力有問題」。

一場演講，引來各方人馬注意，每個人自說自話，對原先的演講內容卻是完全忽略而遠遠離題了。

每一個人對青年未來的處境都關心，每一個人的看法莫衷一是，反而更反映出大家的共同焦慮：下一代的年輕人該如何面對越來越艱鉅的未來？

同樣的，對年輕人未來的焦慮，其實是成年人們將自己對當下處境的焦慮，投射在他們身上。也難怪成年人聽到戴勝益要年輕人多依靠父母兩、三年，幾乎就立即捉狂了。成年人固然關心年輕人的未來，但是，他們可能沒意識到自己其實是更擔心自己的處境。

這是每個人都會出現的盲點：不管對問題是多麼關心，但只要其中涉及自己的利益，很多觀點就走樣了，甚至還出現自我矛盾的情形而不自知。

另一個關於臺灣年輕人的熱門話題，莫過於打工旅遊是否其實是高學歷低成就的變相廉價勞工？

許多人和我一樣，先是看見電視新聞轉述雜誌報導，然後在網路上看到愈來愈多的爭議。我索性找來最初的報導，仔細看看。這是二〇一二年九月十七日第八二一期的《今周刊》出現的封面故事：〈清大畢業生爲何淪爲澳洲苦勞？〉，一位臺灣清華大學經濟系的畢業生，在臺灣工作兩年後，「爲了賺第一桶金」，而到澳洲打工，在屠宰場場每天工作九個半小時。「今天我來這裡，不是爲了體驗人生，也不是交朋友、培養世界觀。我的目的很實際、很俗氣，就是要賺錢。」但報導沒交待消息來源。

今周刊做這一專題的目的，原本是要探討今天臺灣年輕人的未來。它後來的分析更清楚指向臺灣的經濟現況，教人們不容易感覺到希望，對現在剛踏入社會的年輕人來說，更是看不到未來，因此，在封面也有一小小標題：「如何搶救無望世代？」用意應該是讓年輕人很窩心的，現今卻反而激起無比的憤怒。

在網路的紛紛議論後，一陣人肉搜尋，據說是找到了當事人，他表示自己的話被記者斷章取義。

是否斷章取義，也許不是那麼重要。臺灣年輕人的未來是無望的，至少是比以前沒希望的，這個現象應該重視；而同樣的，《今周刊》也應該想想的是：爲什麼它的善意，反而踩到了今日年輕人的地雷？

流浪到澳洲做苦勞？

L是我們到日本北海道小樽自助旅行時遇到的臺灣女孩。

那一趟旅程，除了她，我們還遇到一位住在新北市中和的女孩M。

那天我開著租來的車，慢慢習慣日本靠左駕駛的規定。我們先到日本威士忌發源地余市參觀一番，再繼續西行，前往積丹半島的積丹岬。八月底了，原本是來避暑的，沒想到那兩天北海道的溫度也破當地紀錄，高達攝氏三十四度。在積丹入舸町的島武意海岸，已經燥熱許久了，我們先步行一段，終於穿過黝黑的隧道，立刻迎來地底層傳來的一股涼意，原來汗流浹背的身體一陣涼快，真不想再往前走。沒想到，一穿出隧道，卻是從半山腰眺望無比美麗海岸的難得經驗。我們是在這裡遇到女孩M的。當時，她正喘著氣從海灘爬上山的洞口。他鄉遇同鄉，不免簡單聊兩句。她說我們該下山到海灘的，我們三個平均已超過半百，立刻「卻之不恭」。沒想到，開車要下山時，又遇到先行走路下山要去搭巴士的她，立刻邀她搭一小段便車。在短短共乘的那段時間，更可以感受到M年輕的快樂。

M才大學二年級，是這暑假到附近的農場打工度假的。這天是週末，按例是她常態的休息。我們邀M一起繼續去威武岬，她說她才從那裡回來，現在要去找農場主人介紹的「最好吃的霜淇淋」。當時，《今周刊》的專題還沒出來，沒想到問她的遭遇。不過，看她快樂的模樣，打扮得一副臺北時尚少女的春日郊遊模樣，好像沒有當苦勞的疲憊，更沒有賺第一桶金的壓力。

而另一位女子L，則是在我們落腳兩晚的那間旅館遇到的。她是休學半年，經由某個國際組織安排，來這裡實習。

我們入住的是一家才十九個房間的現代日式旅館，精緻又奢華。如果沒記錯，國內的旅遊達人梁旅珠和葉怡蘭都介紹過。只是，據L的說法，臺灣來的旅客並不多，反而香港、新加坡、中國大陸來的多一點。

第一個晚上，旅館特意安排她來招待我們，因此有機會好好聊了許久。在這裡的名義雖然是實習，但不是觀光旅遊本科系的L，純粹只是抱著增廣見聞的心情來到這裡的。從小在臺北市敦化南路長大的L，雖然在這個幽靜但偏僻的溫泉鄉，不得不開始人生的第一次下廚——只會水煮青菜和將米粒煮成粥，但她對這次的選擇顯然是十分滿意。《今周刊》刊出這專題以後，隔了一個多禮拜，也許是透過網路，還留在北海道的她也看到了。

她的反應，是十分憤怒的。至少，我從她傳來的信感覺到她的強烈不悅！

「目前臺灣的打工度假非常盛行，並不是每個人都是屠夫，也不一定每個人都可以夢想成眞，在北海道實習的這段時間，我的美夢或許沒有成眞，但是卻一點一點的長大了！在這邊僅僅三個月，我遇到的貴人比我活著二十二年遇到的還多，接待過中國某市副市長、新加坡某局局主席、無數個社長、無數個醫生、無數個貴人。

「我的工作內容沒有什麼了不起的，我用中文、英文服務外國客人得到讚賞，甚至我用破爛的日文卻提供了比日本人更好的服務。臺灣作家給了我很多資源及人脈；新加坡局主席願意幫我介紹去新加坡知名餐廳工作；日本知名集團CEO詢問我願不願意去工作；甚至有日本社長問我什麼時候想結婚，他還有個小兒子。

「從一開始最基礎的服務，到中期負責飯店的行銷專案，接洽了臺灣的作家、部落客，自己上網連絡國外 Boutique Hotel 精品旅館網站。謝謝飯店的主管從沒把我當作研修生，我也不對自己的能力設限。我連絡知名旅行社、網站、作家、部落客，十封信回不到一封，我就好好的跟那麼一封回信繼續打關係；老闆、主管對行銷案一開始可有可無的態度消極，我就用自己的時間去做，做出來給他們看，讓他們肯撥一些上班的時間讓我去實習，到最後我每天有四個小時的時間可以執行計畫。

「這一切的一切都會變成我的故事，以及我想要分享的東西。」

追尋美夢的路上更需要你我的信任

L的憤怒，是因爲她眞的很認眞也很傑出，也是有計畫地安排自己的打工度假，而果眞收穫豐盛。

在那旅館裡，我們也遇到另一位實習生，迦納來的。他在旅館的酒吧，做 bartender。用晚餐前，我們待在那裡跟他聊了一下。也許是難得有人和他用英文聊天吧，他暢快地跟我們談，幾乎啥都說了，包括對這裡的抱怨。我們卻訝異他來了如此久了，卻一句日語也不會。

也許，《今周刊》報導的那位清大經濟系畢業生是真有其人；只是，就像我們當時遇到的迦納男子，如果他只是想賺錢，將北海道的旅館或澳洲的屠宰場，視為只能幫他「賺第一桶金」這個目的時，自然地，他的收穫也就被局限在賺錢，工作也就成為苦勞。而且，如果在這情況下，將澳洲的工作處境視為理所當然，自然地，他的收穫也就更被局限，不會想去改變，也不會好好去認識周邊的其他地方來的人。因此不會出現其他的可能性，工作也就成為單純的苦勞。他雖然去打工了，但他沒有去「旅遊」，沒有任何的「離開」：離開自己的世界因而加以開放它，離開自己的價值觀因而加以開放它。哪怕是遙遠的南半球，一個人可以身體在這裡，所有心情卻仍在自己原先的軌道，仍像在臺灣上班的某一日的感覺一樣，自然就不會出現更多的可能性。當他搭機離開臺灣時，眼睛已經只看見那一桶金；到了異地，他的視野也就容不下其他可能性了。

隨著臺灣經濟的困窘，現在年輕人的前途，不像他們父執輩在八〇年代那般地充滿希望，更不像更早的祖父輩在六〇年代隨臺灣經濟起飛而迎風高颺；這一代的年輕人自然擔心，而他們的父母，因為經驗過好時代而更清楚這時代的不利，更是擔心。

在這情況下，兩極的反應就出現了。

一種是占多數的年輕人的情形。他們的反應主要是擔心，以及隨之而來不自覺地傾向保守，想要自我保護。在這樣的擔心及其所產生的反應下，情形好一點的，爲了緊緊抓住現在所擁有的一切而努力捍衛。不幸的是，有些人卻害怕到啥都不敢做，也就不敢向前做任何嘗試。這是王品集團董事長戴勝益想對話的對象，他想教他們一些訣竅，一方面讓他們有多一點可依循的原則，像瞎子在黑暗中有了柺杖；一方面讓他們心理上也覺得擁有了錦囊妙計，多了些許安全感。

但，還有另一群反應完全不同的年輕人。他們永遠相信有新的可能。因爲要看到這些新希望，他們因此開始看得更遠。他們看到更多過去的人不曾想像過的，也因此不容易爲一般人所瞭解。然而，即便是看到遠方的可能性，他們還是要承受坎坷不安的感覺。畢竟看到的只是遙遠的影子，而非已經抓到手的具體感受。

這樣的人，這些即將出發的人，原本是《今周刊》「搶救無望世代」專題最理想的報導對象之一，特別是他們內心承受兩股壓力的處境。

壓力是來自他們環境四周的。他們看到了可能的出路，但包括父母在內的周邊的人，卻還看不到。自然地，也因爲出於關心，周遭的親友家人卻不知不覺成了看得見或看不見的壓力。

另一股壓力則是來自自己的內心深處。任何人對不確定的和不知道的事，都有一股源自遠古傳遞下來的深層恐懼。而對這情形，人們唯有以理性的分析和感性的自信，才可能繼續走下去。

真正能體會打工旅遊的好處的，就像其他在這個惡劣環境找到希望的人，他們走在尋找美好未來的路途上，一方面充滿了發現的喜悅，一方面卻是要承受四處因為愛而懷疑他們方向的眼神。《今周刊》想要「搶救無望世代」，整個專題也果真充滿同理心地指出這世代困難的處境，卻只因為引用了一個錯誤的例子，對這些在壓力中好不容易已經上路的人，扯了一個痛到揪心肝的後腿。這裡犯的錯，不只是引例錯誤而已，更是整體心態深處不自覺地「只有我懂」的不信任狀態。而信任，比起批評，是心理成長境界更難的一個層次。

這也就是，像《今周刊》這樣的專題，我們真的需要用如此長篇大論來好好探討的原因。

問題不是《今周刊》，問題是這樣的心態。

缺乏信任他人的能力，一味以為只有自己是清醒的，這樣的心態，往往令人自以為是正義的一方，是關愛的一方，卻不知他們的不信任感對別人其實造成相當深的傷害。

而《今周刊》這樣一本專業的雜誌會如此，像我們這樣的平凡人，年輕人周遭的人們，是父母也好，是師長也好，甚至同輩的朋友，更是要提醒自己：會不會自己以爲的關愛，其實不知不覺中帶著不信任的成見，反而傷害了對方？

上一代的好，成為這一代不可承受之輕

上一代父母的事業成就，成為這一代年輕人的負擔，讓他們在面對未來時綁手綁腳。同樣的，上一代父母普遍不夠成熟，是否也是這一代的束縛？

在二〇一二年十二月的一場全國科技會議裡，國內的半導體業界大老張忠謀先生表示：「我不知道現在的年輕人爲什麼很多是憤世嫉俗的人？如果大部分年輕人都缺乏理想和抱負，對未來也沒有期待，就是國家很大的問題！」

現在的年輕人爲什麼憤世嫉俗，甚至是否憤世嫉俗，是值得商榷，恐怕需要好好研究、談論、和分析。但就直覺而言，現在年輕人平均來說，在理想和抱負的層次上恐怕確實有逐漸下降的趨勢。

世代之間動態性的影響

在我自己的經驗裡，我的觀察是與張先生的看法相符的。但不一樣的是，我覺得即便在這情況下，有一部分的年輕人還是比過去的人——他們的老師或父母那一輩，或再更上一輩——有更崇高、更有遠見的抱負和理想，雖然更多的年輕人是更沒抱負和理想的。

如果用統計學的方法來看，理想和抱負的常模也許眞是下降了，但標準差卻拉大許多。也因爲如此，過去和現在之間的差異是否達到有意義的顯著層次，是有待商榷的。

如果是這樣，我們不得不問：爲什麼大部分年輕人較沒抱負或理想了？要回答這問題，其中的思考是極其複雜的，涉及了太多相互交織的因素。其中，代與代之間動態性的影響，是一個影響深遠的新現象，値得我們好好思考。

這現象很普遍地發生在大多數的年輕人身上，自己卻不一定能察覺。我想到一個個案張海，一個聰穎慧黠的年輕人。

我們第一次見面時，張海有點不習慣這樣坐在治療室的沙發椅上。他扭扭身體，調整一下姿勢，沒多久又往椅背多靠一點。總之，他應該是懂得讓自己放輕鬆，讓自己舒服一點的人；可不知道爲什麼，現在的他，似乎一直找不到這個平衡點。

是這間會談室教他不安？是我的因素？還是臨時安排，有些措手不及？

張海的爸爸在中國大陸某間大學應聘爲講座教授，要待上一整年。上個月寫電郵給我，談起他留在臺北讀大學的兒子：已經休學兩次了，現在又說要休學。如果這次再休學，是第三次休學了，向來自由放任的張家父母，難免也有些擔心了。最後一次的信件裡，張爸爸說張海表示他自己也想找一個人談談，也就同意父親給我他的聯絡方式。不久剛巧有一個個案有事取消，我就直接打電話問張海要不要第二天來一趟，也就有了現在的見面。

坐在他面前的我，知道他內心深處已經準備好深談，也就沒等他坐定，在幾個基本問題後就快快切入主題，問他怎會想到去這一陣子才被媒體譏爲廉價臺勞的打工旅遊？

張海立刻笑了，整個人才開始輕鬆起來。他說，他看過我在臉書發的那個帖子。當時這新聞正熱鬧，我寫過一篇反駁這雜誌的文章，後來被很多人拿去轉貼。

張海說：「至少，我上一次是換一個方式了。」他指的是第一次休學時他不是窩在家裡玩遊戲，就是整天睡覺。第二次休學，早在《今周刊》專題以前，他聽到有人到澳洲賺錢，於是在休學以後，很快地，他踏出去了。

活在別人注視中的風光追求

張海當年是南部某一明星高中數理資優班的學生，甚至還參加過國際奧林匹亞競賽得過獎，也因此推甄上了臺大的相關科系。他說，進臺大的那一年，他才開始知道自己是當不了物理學家的。

他指的是班上高手如雲，在每一堂課老師的問答或是在每一場考試裡，似乎都有一些他無法追上的大內高手，在他還沒參透以前就快速漂亮地完成了。

當他這麼形容自己的挫折感時，不明白的人以爲他的成績有點慘烈，甚至要三二或是二一之後又三二了（這是目前臺灣大學兩種退學標準：不及格的學分達到三分之二者，或是前一學期二分之一學分不及格後，下一學期不及格學分還達三分之一者）。然而，他的情形不是如此。幸虧他父親也敏感地知道一般人可能的誤解，在先前的郵件就告訴我，張海唸完的學期其實成績都不錯，約略是班上的前十名左右。

然而，張海卻不滿意這樣的排名，甚至認爲很糟。在他的心目中，應該像高中時代那樣，永遠遙遙領先群雄，才能讓他滿意放心。

這讓我想起美國新佛洛伊德學派荷妮（Karen Horney）「追求榮耀」（search for glory）的討論。嚴格說來，翻譯成「追求風光」可能更貼切一些——追求在別人眼裡永遠是風風光光的狀態，才對得起關心自己的親朋好友，而自己也是能放心的。

張海的父親是國內財經學界頗負盛名的學者，甚至可以說是南臺灣最受矚目的財經學者，母親也是國立大學的教授。

在張海的心中，父親像一棵巨大的樹。小時候，這棵高高聳立的樹帶給他安全感；長大以後卻覺得這樹太高大了，他發現自己永遠只能在刺眼的陽光下仰望；而且，這麼多年過去了，儘管張海自己也長高不少了，但父親還是那麼高大，始終只能抬頭尊敬地仰望他。

國中或高中時，張海雖然是明星學校裡的佼佼者，是眾人崇拜的偶像，風風光光的明星，但他自己卻始終沒有海闊天空任飛翔的那一股豪氣——因為天的頂端還有一片更崇高的天，也就是他的父親。

張海始終無法從自己的內在來肯定自己，他不確定自己是否有任何獨到的好（unique goodness），甚至找不到自己的特色了。他只能倚靠周邊的人對他的崇拜，透過別人眼中的他是足夠風光，才能確定自己是夠好的。

在別人眼中，至少在昔日同學的眼中，張海是多麼的棒；可是在張海自己不瞭解的潛意識深處，其實是要靠這些周邊人士的肯定，才能知道自己還不錯，才能維持自信。

他的生命依賴別人的眼神；他的心理，從來沒能力單獨生存。他活在別人的注視裡。

關於這一切，張海不甚明白，可是他卻感覺到了。特別是來到臺灣大學以後，失去了昔日眾多的仰慕眼神，他開始感覺到自己的脆弱，感覺到自己無力單獨生活這件事。但，這只停留在感覺上，而沒有去真正分析和理解，於是他就以為自己是否得在生活上加油，比方說在經濟上獨立，才能擁有自己站起來的自信。

因此，當他聽到有人去澳洲屠宰場工作，獲得高薪打工收入時，果真就丟下教他沒有成就感的功課（提到功課時，他有點失落地告訴我說：「才第十名左右！」）出發，開始過著每天工作十小時卻有日薪近五千元臺幣左右的勞力生活。半年下來，也存了四十多萬元。

從這次打工旅遊後，張海不再用家裡的錢。他回臺北以後，除了存款，繼續兼了三份家教自力更生，不再向父母拿錢。他原本期待這樣的安排，可以讓自己的人生有足夠的充實感。沒想到，一年過去，他還是日益困惑，又回到大一那時的自我懷疑狀態了。

當年的早熟小孩長大後

張海教我想起何子森。

子森的爸爸是我的朋友，失聯多年的朋友。當年還是大學生時，子森爸爸和我都是文藝青年。我們兩個人都是從北部到高雄念大學的，雖然不同校，但因爲以文會友，都一起被當年最年輕、最有活力也是氣勢最大的詩社，網羅成爲詩社中少數在學的年輕成員。

當年的我是醫學院學生，十足的天之驕子。而子森的爸爸，個性十分謙卑而謹愼，對人總是十分客氣。只可惜，我寫詩的文采不足，無法下筆有如神助，否則我們兩人還眞是如同李白和杜甫那樣成強烈對比的好友。

只是，不知何時，子森的爸爸就從文壇消失不見了。甚至，如果不是遇到何子森，我都忘了自己從沒察覺這位老友的消失，幾乎是忘了曾有過這麼一位好友。

子森來找我，談起他的困境，特別是對未來的茫然。

子森向來是傑出的，在考場一直也是無往不利的。只是，大三了，成績也不錯，他卻還是困惑自己的興趣，不知自己未來要幹啥。於是，在他爸爸聯絡下，才有這次認識的機會。

雖然和子森之間只是聊聊天，不是正式的心理治療，但我還是從子森口裡才更瞭解我的老友，也就是他父親的諸多昔日往事。

原來我老友的家境並不理想，淡出文壇是因爲要負擔的家計加重了，甚至一直都有經濟壓力，直到近年才逐漸好轉。

子森成長在這樣的家庭，自然是十分替父母著想。父母自己年輕時的發展受限於家庭環境，成家後，對子森的照顧和訓練也就不惜犧牲自己的生活品質。於是，原本擔心父母負擔的子森，也就更在乎父母對他的表現是否滿意。不知不覺地，他對自己所有的表現養成高度要求的習慣，即使他並沒意識到他是爲父母而努力的。

然而，懷著這樣戒愼恐懼心情的同時，怎麼可能又擁有理想和抱負呢？任何理想和抱負，都是有風險的，甚至是高失敗率的。自然而然地，因爲戒愼的心理，子森放棄了很多機會。自然而然地，他的理想和抱負也就越來越自我局限在安全的範圍內。

子森是典型的長大的早熟兒童：adult child。一般來說，adult child 一詞有兩個用法。一個用法是，child 指的是相對於父母的孩子，如果我們要強調是長大以後相對於父母的孩子，就是 adult child。譬如說，小孩成年後（長大搬出去、結婚，甚至有小孩了），父母如何跟他們相處。談這一類議題的親子書，英文會寫成 parenting adult child，是指「父母和長大的孩子該維持怎樣的關係」的參考書籍。

另一類的用法，則是屬於我這裡所指的早熟。過去有人翻譯成「小大人」，也有譯成「成年小孩」，總是有些距離，無法傳遞其中的意義。正確的說法，應該是「當年早熟的小孩長大以後」。

最早，這名詞出現於匿名戒酒團體之中。許多戒酒者從在團體裡的叙述中，意識到自己的小孩因爲自己過去的酗酒，變得比別的小孩更成熟。有的人甚至發現，原來自己童年時也是這樣的小孩。

當父母之一開始酗酒時，不只是家庭經濟受影響，小孩還要承擔醒醉情緒不同的父母，和終日擔心憂鬱的另一父母。還有，要幫忙整理被弄髒亂的家居，或攙扶爛醉如泥的父親或母親。在這樣的環境下，大多的小孩變得十分成熟，許多反應都像大人一樣；也有少數會因爲自己的逃避而一輩子被罪惡感折磨；而更少數則是十分脆弱，像嚴重的創傷後壓力症候群一樣，永遠處在崩潰邊緣。

家庭動力取向的研究很早就指出，這是家庭系統失衡，父母應有的功能不足，才造成如此結果。家族治療更進一步指出，早熟性格不只出現在酗酒者父母所帶出的小孩，所有功能不足的家庭都同樣可能養育出這樣的小孩，譬如父親或母親長期生病，或是某個小孩患有慢性疾病而占據了父母全副心神的家庭。

年輕的詩人不見狂狷，只有無奈與質疑

子森的爸爸成長自這種功能不足的家庭，一個經濟負擔永無休止的家庭，本身從小就是早熟性格。子森的祖父很早就臥病在床，而祖母卻又十分情緒化和依賴。因此，當祖父開始臥病，子森爸爸和他幾個兄弟，都被迫要半工半讀。其中，子森爸爸是較擅長念書的，但還是要在大學的每個暑假去當卡車的隨車綑工。

在七〇年代，家教還不是那麼普及，更沒人去餐廳當服務生打工。對當年的學生打工而言，收入最高的便是卡車的隨車綑工，其次是到梨山幫忙摘採或植栽。很多家計辛苦的大學生，爲了要自力更生，平常兼多份家教，寒暑假就跟車當捆工或上山去做苦勞。

我現在回想起當年認識的子森爸爸，同樣是年輕一輩寫詩的，他的作品除了有許多憂愁和無奈之外，總是質疑著這個世界。然而，他的人相對地比我們穩重許多。當年，他從不提這一切不容易的生活，只是靜默地聽大家的狂言狷語，是一位格格不入的詩人。

但這些特色只是早熟性格的一部分面向。長大以後的小大人會有什麼性格，相關的書籍中是如此描述的：因爲經常質疑啥才是正常，擔心自己不夠正常，對自己

因此十分殘酷地自我要求；沒能力快樂，總是十分嚴肅；不容易進入親密關係；覺得自己跟衆人不同；不是太負責就是太不負責；極端忠誠；不知如何與權威相處；太考慮別人而忽略自己；事情一不順利就自我孤立等等。這些性格特色，如果再仔細一點，其實也可以在子森爸爸身上看到。

另外提到的特色還有：總是需要別人的肯定；總覺得自己是受害人；可能會因想照顧別人或拯救別人而談戀愛；親密關係困難；有人不同意就一定要說服對方；容易被別人的憤怒嚇到；喜歡冒險或驚險過程；不容易對人表達自己的感受；即使對方帶來折磨或災難，還是不分手；一意孤行；老在幫別人擦屁股。這些也是對早熟性格的觀察而提出的分析。

如果子森和他爸爸一樣，都有一部分小大人的早熟性格，那麼，其中的不同又是在哪裡呢？

子森的爸爸並不是他們手足中最強悍的。他排行老么，哥哥姊姊都比他更打拚、更認分。哥哥姊姊期待這位最會讀書的么弟，能夠好好讀書，爭一口氣。

這是十分傳統的觀念，全然家族爲取向的觀念。大家犧牲自己的一部分，就是爲了成就整個家族。因此，嚴格說來，在這個家族潛意識的共謀裡，哥哥姊姊爲這個家族提早輟學工作，么弟則是爲這個家族努力讀書，希望有一天這個家族可以變得又有錢又有地位，在鄉里中不再被看不起，甚至可以風風光光。這一切雖然沒說出口，沒任何承諾，卻是在祖父病倒那一刻就開始形成的默契。

在這個家族復興大業中，子森爸爸是擔任上場的代表。他之所以可以站在場上，是因爲有一個團隊在背後支撐。或者說，他有一個安全碉堡，永遠有一個退路；同樣地，他也有合理的理由去要求援助，包括經濟等等。

當然，隨著歲月，家庭系統的危機也許消失了，每個兄弟姊妹也都有自己的家庭要照顧，再加上（這一點是十分關鍵的）當年這個承諾只是默契，沒有眞正地說出口，更沒付諸文字；於是很自然地，每一個人都陸續找到理由（通常是自己新成立的家庭），而將這個復興大業擺到第二或第三順位了（但沒有消失）。

當經濟危機不再那麼急迫，而每個人也都陸續在社會中找到自己的位置，子森爸爸的手足們於是一個一個成家而離去了，唯獨母親最疼愛的老么、也是成長過程受這家庭庇蔭最多的人，也就是子森爸爸，自然就被這一親情的羈絆給留下來了。

子森爸爸開始要照顧情緒多的母親，還有，永無止境的婆媳問題。

這就是子森成長之所在的環境源頭。

我有責任要帶給父母快樂？

子森的父母是大學畢業後，在臺北工作而認識、結婚生子，再將老母親接過來同住。子森在成長過程中，對金錢沒有太多擔心，但其實，三代同堂的家庭，生活始終頗有壓力。

因祖母多病，父母對小孩的照顧使不上太多力氣，這也許也是子森父母只生育一個孩子的原因之一。

在子森眼裡，父母總是相當忙碌，包括爲他忙碌。他們安排他上各種最好的補習班，安插到最好的學校，不惜耽擱自己的工作來做這一切。子森的印象中，父母十分關心他，卻很少有時間交談。每次送他去補習或上學，父親總是說起自己當年的辛苦，母親則是抱怨隨結婚生子而來的諸多犧牲。

不論父母，談話間同樣都在向子森強調他們有多大的犧牲和委屈，以此鼓勵子森多多珍惜，要力爭上游。但在子森心中，卻總覺得自己是父母不快樂的來源，所以有責任帶給父母快樂。因此，從他有記憶以來，便懂得用功讀書，因爲他考第一名是父母最快樂的事。

子森爸爸之所以養成早熟個性，是因爲家道中落帶來經濟危機，造成家庭功能不足；而子森的早熟個性，則是因爲父母都沒有能力讓自己快樂，性格上不夠成熟，而讓小孩扮演他們情感的供應者，這是另一種家庭功能的不足。

不同的是，子森爸爸在成長過程中，後面有手足做爲合作團隊，前面則有不可後退的經濟壓力，因此，他邁步向前時更放心，也更有決心；然而子森卻沒有學習的對象，也沒有能夠分享的摯友，他一直都是孤獨的。

何況，父母的經濟雖然談不上富裕，卻可說不虞匱乏。因此，個性戒愼恐懼的子森，也就經常以逃避來處理他沒有把握的處境了。

回到最前面的問題：爲什麼我們年輕人缺乏抱負和理想？

在《論語》裡孔子便說過：「不得中行而與之，必也狂狷乎。」什麼是狂狷？「狂者進取，狷者有所不爲。」狂是指自我的豪氣、野心、企圖；狷是指清高自守、有所不爲。

孔子所指的是，交朋友如果不容易找到能有中庸之行的人，不妨就找狂者或狷者。孔子說的雖然是交朋友，但其實朋友的選擇，就是青少年成長的過程。唯有經過狂和狷的辯證，才有找到自己中庸之道的可能。

只是，我們這時代並不允許孩子有太多的「狂」。父母的成就，成爲子女人生的基本目標，沒達到這成就便沒有自信，自覺沒資格發表任何意見，也就不准

「狂」。我們的不成熟也同時成爲子女更難以脫逃的束縛，似乎子女從小就要爲父母的情緒負責。在這情況下，年輕的一代，怎麼可能成爲有狂有狷的一代？

沒有狂狷的過程，一個人怎可能以理想和自信來面對未來呢？

孩子在無望的社會氛圍中長大

上一代父母的事業成就，成爲這一代年輕人的負擔，讓他們在面對未來時綁手綁腳。同樣的，上一代父母普遍不夠成熟，也是這一代的束縛。

除了這兩點，還有什麼是年輕人越來越沒有抱負和理想的原因呢？

張忠謀先生在全國科技會議裡，認爲現代的年輕人憤世嫉俗，缺乏理想和抱負。張先生的擔心並非偶發。從九〇年代以來，每隔一段時間，對年輕人總有「草莓世代」這一類的形容，暗示著對下一代的擔心或失望。如果這是眞的，也就是說一代不如一代的現象，近二十年特別地明顯，這是怎麼回事呢？除了父母的成就，除了父母的不成熟，還有呢？

我想起一位多年以前的個案慶雲，她在美國一所特優的大學畢業，又讀完碩士班才回亞洲工作。慶雲在職場一邊追求自己的成就，一邊卻又懷疑這一切。而且，這樣的懷疑，對一切世俗努力的懷疑，是她從高中以來就一直存在的。當年，也就是十年級時，當同學們都準備開始努力ＳＡＴ時，她自己卻承受不住這虛無，來尋求專業的協助。

慶雲說起自己的童年。父母是傑出的知識分子，年紀不小才有了她這樣一個獨生女。尤其是父親，近六十歲了才有這個寶貝女兒。於是，在她的成長過程中，還是懵懂的年幼之際，所有聽到父母私下的談話，都是關於病痛和養生之道。

同一輩的同學或朋友，在他們同樣年紀的童年時，平常從父母那裡所聽到的，多是生活的打拚，包括如何奮戰、如何計畫，以及伴隨成功而來的慶祝或因爲失敗造成的沮喪。

對慶雲父母來說，在六十或七十歲的年紀，淡然地談起生老病死是一種自然不過的事情；然而，對慶雲當時才正要成長的生命而言，卻是太早暴露在這無所不在的衰老心靈中。

從慶雲這個個案以後，我開始注意到，出生時父母之一或雙方皆年紀已長的個案，他們的生命力，似乎特別的蒼白，而且少有例外。

父母衰老仍養兒育女，當然不是天生的罪過。問題不在於老，而是在面對生命的態度。年紀雖然大，依然可以過著十分充實、積極、向前展望的生活。

然而，父母提供的環境，只是我們社會的一個縮影。近年來，臺灣因爲社會結構的緣故，再加上連續幾任總統都缺乏對未來的想像與努力，我們的經濟不知不覺已經陷在泥沼裡。這時，媒體上擁有發言權的人，只有虛無嘲諷；政壇上的袞袞諸公，只有應付的說辭；而一般的老百姓又是唉聲嘆氣。在這樣的環境長大的孩子，又如何能有理想和抱負呢？

關於現在的年輕人是否缺乏抱負和理想，經建會主委管中閔先生說得好：「我們的社會給年輕人太少希望了。」

影響年輕人生命力的，不只是擁抱他們的父母，還有比父母的擁抱更大的擁抱，也就是我們這個社會。如果這個社會是充滿生機的，成年人每天都興致勃勃地投入生活，對未來充滿朝氣，那麼，在這環境長大的年輕人，面對未來當然也是躍躍欲試的。

很多人在批評我們的年輕人之餘，總會拿中國大陸的年輕人來比較，說他們是如何積極進取，如何爲未來而打拚。我們大人都忘了，在大陸，和我們年紀一樣的成年人們，也是充滿信心地向前看——只是我們很鴕鳥地譏諷他們是向「錢」看，而看不到他們後面更重要的那股幹勁，如此而已。

年輕人沒有抱負和理想？那麼成年人除了相互指責，又有什麼？

不知節制的疼愛

這樣的孩子，如果不是有無止境幫忙的父母幫他擋住一切應有的處罰或代償付出，他們早就學會自己無止境的欲望是該自我控制了。

父母過度的擔心，卻又是另一個問題。維莉是某個知名女中的輔導室個案。那一天，她自己踏進了輔導室。

當好友不再只專屬於自己

根據輔導老師的說法，維莉進輔導室才一坐下，就哭了。

那一種哭聲，先是啜泣然後嚎啕，最後整個人放開尖叫哭泣，教旁邊的人也都要心碎了。

「我其實……其實是想……當她的朋友、她的好朋友而已。」維莉坐在椅子上，身體都扭曲了，直直吶喊著，間歇地吐出一些字眼。

輔導李老師，一位年輕溫柔的女性，輕輕拍一拍她抽動的肩膀，才用力伸長手臂摟住她。

這是一個教人難過的下午。我是應邀到這所女校來參加個案研討會的。李老師是合作過幾次的專業伙伴，事先就用十分抱歉的口氣告訴我：「其實，是家長比較難纏……」

我知道，我是可以理解的。這些年來，臺北市地區公立高中輔導室的輔導老師們，專業能力其實都是十分難得的優質，真正難得幫得上忙的機會，反而都不是個別諮商或心理治療的專業問題。對他們來說，最近常見到的挑戰，如果勉強要說出一個名詞來，也許可以說是「家庭、學校和／或社會的系統問題」。

維莉的狀況就是一個這樣的例子。

好朋友靜玉最近參加熱舞社，和社團裡的同學，特別是其中的一位女同學，不只是充滿崇拜的喜歡，兩人聊天也愈來愈投機了。平常和靜玉老是焦孟不離的維莉，忍不住生氣了，一方面自己難過，一方面又氣又鬧，最後連難聽的話都寫上臉書了：「妳哪裡是靜玉？妳根本就是騷水！」而靜玉當然崩潰了。

靜玉的父母受不了，出來要求學校處理。維莉的媽媽也不示弱，認為是靜玉存心搞同性戀，四處勾搭。

而我，一位稍有社會知名度的男性精神科醫師，在這個吵雜的會議室裡，此時能夠扮演的角色其實不是很傳統的諮商，反而更像是一尊佇立不動的風獅爺。

風獅爺，陽具一般直怔怔站在金門小島荒原上的長型石頭，是否真能鎮住狂猛的風，已經不重要了。重要的是那個「君子不重則不威」的姿態，一種象徵性的存在，讓雙方家長不要因張揚狂風而胡亂飛舞，而是回到他們關心的真實問題：究竟要怎麼平息這場戰爭，讓他們心目中向來品學兼優又乖巧的女兒，繼續是品學兼優、繼續是乖巧呢？

愈來愈晚熟的同儕關係

九五年我離開花蓮，回到臺北開始工作以後，就經常接到各個中學輔導室類似的案例：過度介入的家長，加上不成熟友誼所產生的衝突。

我還記得第一次處理的類似案例：因為好友M開始和同學L成為手帕交，案主N覺得自己被背叛了，在家裡吞藥自殺。

邀我去做個案督導的輔導老師，還特別對我強調：她們兩位學生，眞的不是同性戀。學校是擔心我誤會了。但這我早就知道，同性戀（homosexuality）和同性情欲（homoerotic）雖然有複雜的深度關聯，然而在生活的表現上原本就是天壤之別。但我驚訝的不是這一點。我驚訝的是，這情形雖然不陌生，卻發生在無法想像的年紀上。我自己內心深處，忍不住有一個聲音輕輕獨白著：天呀，這不是小學女生才會出現的問題？

我想到的是自己小學低年級時，班上同學的一些互動。那時總是一張木桌兩張小椅，兩兩同學也就自然容易成為好友。我不記得自己是和誰同桌了，卻記得班上女同學經常吵架，在書桌上用粉筆畫一條線，楚河漢界，好朋友從此就變成不准對方踰越一步的敵對狀態。偶而，有男生吵架了，也鬧起同樣的僵局，其他同學還會嘲笑說：怎麼這麼女生，這種吵法？也就是說，這行為在發展上來說，女生應是小學低年級，而男生則是更早以前。

這樣的驚訝心情，隨著高中或是大學裡一次又一次類似的個案，慢慢消失了。只是，愈來愈習慣、接受這現象之際，不禁暗想：怎麼回事，這個差異？從小學低年級延後到高中，究竟我們的年輕世代有了怎樣的變化？

情殺是一個可以放到相同脈絡思考的問題。

在日本東京的一位臺灣張姓留學生，殺了他愛慕的A女，也殺了與A女一同租屋的B女，然後一個人潛逃，被逮捕時他還在大阪自己所喜愛的偶像團體的劇場裡。

這是轟動一時的新聞，特別是因爲「丟臉丟到日本去」，讓網友們（哈日族傾向的網友？）義憤塡膺地在網路上痛罵了好一陣子。

事情發生在哪一個國家，其實不是最重要的。同樣的事，關於臺灣留學生的，曾經發生在美國，紐澳似乎也發生過，中國留學生也發生過。同樣都是這樣的邏輯：當我愛的人不愛我，不管他曾愛過我或我只是單戀，我就不准他愛別人，於是謀殺就成爲經常的結果。

這個發生在日本的案件詳情如何，我們只能透過不太可靠的媒體來瞭解一些未必眞實的細節。男方是一位三十歲出頭的宅男，整天待在房間玩電動，連家人都受不了，才被刺激而前往日本讀語言學校。A女和B女同樣也是赴日學日語，因爲他鄉相遇也就認識了。只是張姓男子卻對這種善意，用十分漫畫的想法來理解，將它誤解爲愛情，於是展開一連串的追求，最後才發生了很電玩遊戲的死亡方式，而結束了這一切。

類似的情節也發生在其他的情殺故事裡。其中經常重複出現的重點裡，有幾個是和人際關係有關的。

「占有」被誤解為愛情或友情的權利

哪些人際關係的相關觀念，在這裡扮演了重要角色呢？

首先，普通的友誼關係被誤解爲愛情。

在以愛情爲主題的青少年或年輕人娛樂產品中，不論是日本漫畫或美式ＹＡ（young adults）電影裡，在宅男宅女主角總被嘲笑太膽小的劇情中，主角愛慕之人的主動微笑或招呼，常是重要的開場戲，因爲這些微笑或招呼，在劇中被設定爲愛慕之意。在劇中，宅男宅女們只要願意克服自己的羞怯，立刻就可以告別寂寞單身狀態，從此跟女神或美男生活在一起，甚至立刻上床享受性愛。日本漫畫就經常如此描述，「美國派」這一類美國電影也是如此。

然而，真正的生活裡，只要一個人適當地發展，隨著社會化的完成，自然在十歲左右，就會對初步接觸的人（同班或同鄉或朋友的朋友）做禮貌性的互動，打招呼，寒暄等等。禮貌性的微笑和暗示性的求愛訊息，這兩者之間原本是十萬八千里之遙的差異，如今卻混爲一談。

其次，與人際能力相關的議題當中，經常出現將「占有」誤解爲愛情或友情的權利。

在人的發展過程中，嬰兒對他人是有絕對的占有慾的。一個剛出生的嬰兒，對環繞他身邊的媽媽不只是想占有而已，甚至視爲是他世界的一部分。慢慢的，雖然他知道照顧他的這個人比他還更有力，但無法遏止的占有欲，還是讓長大後的他／她跑到父母的床上（潛意識裡不甘心爸爸占有了媽媽），或是在弟妹出生後又有了尿床賴皮等退行行爲（潛意識裡以爲回到昔日的幼小就可以繼續占有父母）。

當然，更不用講狠狠地咬母親的乳房或其他攻擊動作了。這些動作背後其實是有著強烈的毀滅慾望，小孩如果有這些侵略性的動作，因爲還小，大人們也就覺得是可愛的。但是，如果長大到個頭跟父母一樣高了，還有這些攻擊行爲，其實是十分具有傷害性的，足以危及一個人的身體安全，甚至是要命的。

只是，隨著成長，從嬰兒到小孩，人們開始學會自己不再有權利占有另一個人，即使他／她和另一個人的關係是多麼深厚。從占有到分享，從一個人的世界到兩個人的世界，甚至是可以容納兩個還在成長變化的意識的世界，這中間，存在著許多的發展。

然而，像情殺這類的現象，其實只是冰山的一角。許多沒發展成謀殺或嚴重衝突的，卻也充滿了跟占有欲有關的嚴重衝突。

一位母親來我任職的醫院的門診掛號。她問說：能不能幫她讀大學的兒子挽回女朋友？

我聽到這裡，忍不住就開始想：天啊！這是怎樣的世界，做兒子的談戀愛還要靠媽媽出馬？做媽媽的來幫兒子的戀愛奔波出力？

然而，這就是我們的世界，我們生活其中的世界。

過度保護剝奪了孩子的成長

這位認真的母親一大早就來醫學中心的門診排隊了。

那已經是十多年前的事，當時還沒有電腦掛號，更沒有健保的低酬制度逼出的不限制掛號這回事。在名額有限的情況下，座落在臺北市區的這一所醫學中心的每一科門診，都有很壯觀的排隊人潮，幾乎是清晨五點以前就掛不到初診了，甚至全由掛號黃牛所壟斷。

這位沒掛到號的母親不死心，繼續到我門診門口等待。在九點開始看診之際，我剛剛抵達時，她便苦苦哀求我爲她兒子加號。這樣的情況，我通常是同意加一個，頂多兩個。

當年看診還是很有品質的時代（然而掛號是很沒品質的），精神科門診是初診限號五名，複診則是二十名。而初診加號一位，就代表工作量增加二〇%，加兩位就是快加半了。

待這位媽媽進來時，我十分訝異地發現送來的病歷是她本人而非她兒子的。原來是她怕掛了精神科的紀錄和病歷裡的相關內容，會影響她寶貝兒子人生的前途，包括未來的升遷等等。儘管我再三保證醫院病歷除了當事人同意和涉案而遭法院要求，幾乎是不可能外洩給包括保險公司、政府單位等在內的第三者，還是因這媽媽苦苦哀求而作罷。於是，我們的談話，關於她兒子的，就只能直接記錄在媽媽的病歷上。

原來這位媽媽的寶貝兒子和女朋友吵架，女朋友跑了。我聽到這裡，幾乎是毫不遮掩地用不可思議的表情看著這位媽媽；然而她雖然稍有尷尬，困窘的表情還是很快被救子情深的迫切淹沒了。

兒子上大學後，就認識了同班的這位女孩子，開始交往。沒幾個月，隨著磨擦的增加，女孩子表示要分手一陣子冷靜一下，兒子便在家裡不願上學了，甚至還有意無意地表示有自殺的念頭。

這位寶貝自己兒子的媽媽，簡直嚇壞了。她去找那位女孩，也找女孩子的父母，希望能幫忙她兒子走出來。女孩的父母聽到她兒子的狀況，憂鬱症啦、自殺傾向啦、因拒上學而曠課太多遭退學啦，也就十分善良地勸女兒幫幫忙。

這女孩也果眞回去了，而且是眞誠地給這位男同學再一次機會，絕非虛與委蛇。

沒想到這一次衝突更嚴重了。媽媽的寶貝兒子在教室裡看到女友和其他的同學們愉快地聊天，幾乎是要抓狂了。在回家的途中，他不斷指責女友：「難道不知道我的心情不好嗎？爲什麼沒安慰我，還刺激我呢？」「當初復合不是要重新再來嗎？怎麼自己男友心情不好，還在和別人打情罵俏？」甚至最後，說著說著就激動起來，還揍了女友好幾拳。

這次，女方父母出面了。女孩子才說，原來上次分手就是因爲出現了好幾次這樣的暴力，而每次事後男孩都苦苦相求，表示會痛改前非，表示都是自己最近一切不順遂才會如此的，女兒才一次又一次給機會。女孩的父母瞭解了這一切，既愧疚自己勸女兒幫忙，竟是將女兒送入虎口；另一方面，更是憤怒無比，在電話裡悍然阻止了要去送禮探傷的男孩媽媽：「妳再來，我們就去告妳兒子！」

這位寶貝兒子的媽媽不知如何是好，才會一大早來到這醫學中心的門診排隊掛號。待她在診間的椅子上坐定，一開口便問：「醫師，能幫幫我兒子，將他的女朋友勸回來嗎？」

她沒想到自己的兒子是眞的病了，該尋求專業協助，而不是只是急著將他女友尋回來。臺灣有太多這樣的危險情人，充斥在每一個大學或中學裡；不管是排名前面的好學校，或是名不見經傳的普通學校，都有這樣的情形。如果這些危險情人沒有成長，一切沒有改變，以後將成爲家庭暴力的加害者。然而，眼前這位媽媽壓根沒想到這些，她還是認爲自己的兒子是單純而善良的，從來就沒和危險情人或家暴加害人這一類可能性做任何的聯想。

也許，來精神科掛號是媽媽本人一種誤打誤撞的先知先覺。這樣的小孩，如果不是有無止境幫忙的父母幫他擋住一切應有的處罰或應付的代價，他們早就學會自己無止境的欲望是該自我控制了，他們原本就不是這世界的神祇，而世界也不是圍繞著他而轉。

還沒富裕以前的成長環境

在美國的八〇年代後期，特別是嬰兒潮那一世代，他們的小孩長大以後，父母的角色開始遭到前所未有的質疑。

那是一個富裕的時代，物質的匱乏不容易出現在孩子們的成長過程中。然而，這樣的社會一樣有問題，只是問題不同罷了。在臨床上，更多家庭動力的討論，開始從家庭的功能不足或結構的不傳統（沒有傳統家庭中應有的爸爸和媽媽），轉向所謂家庭的功能不良（dysfunctional families）。

過量而不知節制的家庭功能被提出來指責，父母親自我中心地疼愛孩子的方式更被提出討論。所謂「有毒的父母」（toxic parents）這樣的名詞也開始成爲流行了（參見張老師文化出版的《父母會傷人》一書，英文版的原書名便是「有毒的父母」）。

親職的角色開始被指責、反省。人們開始質疑：究竟怎樣的親職才是適當的？父母的心態應該如何？而學者專家們也開始好奇：怎樣心態的父母才會出現這樣的教養態度？

然而，在我成長的過程裡，一九六○年代的臺灣，父母是沒有太多時間寵愛孩子的。

在那個時代，一如前文〈是孩子太晚熟，還是一個新階段的誕生？〉所提到，蔣介石政府好不容易才接受臺灣這小島養不起無限成長的人口的觀念，因此在一九六四年開始推動高喊「生育口號」的家庭計畫。

生育口號總是隨著時代在改變。最近臺灣政府爲愈來愈低的生育率開始著急，可是沒多久前的九○年代，才提出「一個孩子不嫌少」的口號呢。而再往前的一九七一年，生育口號則是「兩個孩子恰恰好，男孩女孩一樣好」和「三三二一一」。所謂「三三二一一」是指婚後三年才生第一個，過了三年再生一個，兩個孩子恰恰好，男孩女孩一樣好。而理想的結婚年齡，男二十八歲，女二十五歲。再往前溯，還有一個生育口號，幾乎是被遺忘了，也就是前文提過的「五三口號」：「婚後三年才生育，間隔三年再生育，最多不超過三個孩子，三十三歲以前全部生完。」

我父母是一九五四年結婚的，而蔣夢麟先生是一九五九年發表〈讓我們面對日益迫切的臺灣人口問題〉。雖然那時「五三口號」還沒開始，稍有受教育的年輕父母已經接受不再超過三個小孩的觀念；而軍公教的子女配額補助，也開始有三個名額的限制。那一時代的家庭，特別是未來成為臺灣中產階級的，幾乎都像我父母一樣，有計畫地間隔二至四年才生一個，預期生三個，但因尚無法接受結紮而避孕失敗又多生了一個。

我媽媽不經意就會提起我弟弟是不小心懷孕的結果。關於這一點，長大以後的我們漸漸知道這對弟弟的心理是十分傷害的，總是有意無意地勸阻媽媽不再提這件事。只是，事實確實如此，我們家就像那時代大部分的家庭一樣，有四個孩子，彼此吵吵鬧鬧地長大。

在手足打鬧中養成人際能力

在那樣吵吵鬧鬧的過程中，今天也許是我和弟弟聯合起來對付大哥，也許是姊姊和哥哥一起懲罰我。總之，在永無止盡的合縱連橫中，雖然那時沒有一九九二年才有的兒童福利法，也沒有各種單機型遊戲或網路遊戲，但卻讓我們學會如何和同儕相處，特別是充滿占有欲的自我中心心態，早在吵吵鬧鬧中，被相互之間的同情、同理和尊重所取代了。

而家庭之外的，是玩在一起的鄰居。雖然在遊戲之間，經常是互相欺負，甚至出現今日令人痛心疾首的霸凌現象；但這樣的野性環境，在競爭和遊戲中也同時學會的友誼，不只讓我們擁有最初步的社會能力，也懂得人與人之間的相處之道。

然而父母呢？

父母也許為生計而汲汲營營，所謂的食指浩繁。但是，在小孩子有真正需要，自然反應地跑回家求助時，家庭和家庭中的父母始終維持著隨時回應的角色，也就維護了家做為小孩安全基地的功能。

在依附理論裡，好的依附（attachment）是一直被強調的；然而依附理論也強調分離（separation）。分離究竟是如何發生的呢？關於這一點，卻沒有太多的討論。

在我成長時，不是只有家才是家，所有的左鄰右舍，甚至是整個小鎮，都是家。這一切地方都是和家裡一樣安全的，是父母或其他大人都放心的；我們小孩狂奔其間，充滿探索的驚喜，沒有因過度驚懼帶來的停滯止步。自然地，就在這個如家的大環境裡，雖然有點放生的野地氣息，卻不知不覺完成了分離的能力。

我們家四個小孩的年紀，幾乎遵守著當年政府所要求的相隔三歲，四人從小就在打鬧中一起長大。今天是我聯合弟弟打哥哥，明天是哥哥和弟弟一起揍我，就在這樣今天是盟友明天是對手的互動中，我們發展出人際關係中水平面向的能力，也就是和同一輩交往的能力。

過去的小孩是害怕父母、害怕師長的。因爲孩子這麼多，只能分到三分之一或四分之一或更少的父母關愛，自然接觸機會是相當不足，甚至大多只有挨罵或體罰時，才是唯一單獨擁有父母的機會。自然地，人際關係中垂直面向的能力是不足的，面對權威時特別容易恐懼不安。

然而現在的小孩卻大不相同。

他們從小有很多父母式的長輩（父母、祖父母、外祖父母，甚至外傭等等），因此十分擅長和長輩來往，擅長和權威互動，也就是人際關係中的垂直面向是很發達的。

但是，他們的手足很少，甚至是獨生子女；再加上現在的都會生活家家戶戶壁壘分明，除非去上學，否則沒有任何同儕經驗，不像我們當年家家戶戶都是野孩子，在上幼稚園以前就互相熟識。因為如此，這一代的孩子人際關係中的水平面向，相對來說，也就很慢才發展。而這也是為什麼他們屢屢理所當然地將占有當作友情或愛情了。

在過去環境長大的孩子，可能一輩子都不容易和權威互動，一看到權威忍不住就緊張起來。至少我是這樣的，一直到現在，遇到住院醫師時的老師還是一不注意就莫名緊張起來。

但，在那樣的時代，也沒有大學生的情殺，沒有開車撞死人的跑車少爺，更沒有將自己殘暴的行為用手機錄影還上傳到網路上的年輕人。

輯三

新世紀，新少年，父母不懂的新困境

自信心，果真以父母的成就為基石？

臺灣的經濟奇蹟，再加上教育的推展，造就了前所未有的成就，不再是下一代子女能超越的了。這障礙，也就成為現在年輕人的玻璃天花板——穿不過的限制。

認識漢民兄已經有十多年。

最初，只是在一般場合認識的朋友。他聽到我是精神科醫師，也許是聯想到侯門深似海的那種療養院，便主動聊起鄉下長輩長年住院的事。待他終於搞清楚精神科醫師也可能是一般人所謂的心理醫師，又熱情地轉移話題，說起他剛剛結束的一個婚姻，特別是兩個小孩所遇到的困難。

平常在這種大家只是客氣打哈哈的社交場合，難得聽到有人說起自己的隱私。雖然有點突兀，但總覺得他基本上是直率單純的人，不知不覺也就開始有了聯絡。

先是他找我幫忙爲叛逆期的小孩介紹心理醫師，後來也和他兩個小孩熟了。偶爾，晚上接到他的電話，聽他說起近來前妻又出現，好不容易能夠平靜生活的小孩又亂了心情。他電話中問起該怎麼辦？有時我空閒一點，可以慢慢和他談；有時忙碌，只能說兩句原則性的建議。而他也不以爲意。

一開始他還會派屬下送來鐘點費。他打聽到我的收費情形，每打一次電話就當作一小時。待我說明拒收後，開始換成三節的禮品。他帶小孩去看我介紹的心理醫師，自己卻始終沒去找我爲他介紹的那位。多年來也就這樣，久久忽然來一次電話。

為什麼我養兒子，CP值就是比別人差？

這次的電話，他在另一頭的聲音明顯消沉。原來是大學指考放榜了，去年大一被退學的兒子在昂貴的補習班待了半年後，考得比前一年還要差許多。

他說：「爲什麼我養兒子，CP值就是比別人差？」

這些年來，幸虧接了不少身爲企業主的個案，也因此聽得懂所謂的CP值。原文的用法是「Price vs. Performance Ratio」，但因大部分是用來計算自己付出和獲得的成效比，因此，Price 漸漸被 Cost 取代。CP值指的是你花一塊錢可以得到多少的「效果、表現、收穫」等。

漢民兄是兄弟姊妹之間最傑出的。不僅從小苦讀進到排名最好的學校，自己也白手起家創出一番事業。他所謂CP值低，是和事業不如他的兄弟姊妹比。大哥的兩個兒子都是清大、交大的，姊姊的兒子目前在建中，妹妹的女兒今年考上中山女高。總之，用他的說法：一門豪傑。

因爲離婚，加上工作忙碌沒空陪小孩，漢民兄一向不吝高薪聘請家教老師，也請託關係安排子女進入一流的私立學校。自然地，他對子女的教育勞心勞力的程度是兄弟姊妹的好幾倍。這也就是所謂CP值低這說法的原由。

只是，「砸錢安排小孩教育的方式是否妥當？」，甚至「以CP值來評量小孩表現是否太功利？」這樣的問題，面對正値挫敗的父親，是不適合說出口的。

我在電話這一頭，輕輕說一些話和他分享：「或許，是你成就那麼高，對甥侄們來說是很好的榜樣，甚至是成功的最好啓示：他們雖然家境不佳而資源有限，但想起有個叔舅當年條件更差，如今卻飛黃騰達，自然更堅信自己的努力是値得的。

「但自己的小孩就不同了。同樣是成功的典範，在他們眼裡卻是阻礙。自己的爸爸當年條件那麼差都能有如此成就，輪到自己，擁有如此優渥的資源，豈不是非成爲人中龍鳳不可？可是不管努力幾次都只是一般程度，即便還算優秀，也都覺得沒有達到自己應該做到的：遠遠勝過當年的爸爸。就這樣，一而再地，也就放棄努力了。」

我不知道漢民兄能否理解這些談話，但我會這麼說，確實是有原因的。

臺灣的經濟奇蹟，再加上教育的推展，造就了前所未有的成就，不再是下一代子女能超越的了。這障礙，也就成爲現在年輕人的玻璃天花板——穿不過的限制。甚至，成爲一輩子的夢魘。

繼昌就是這樣的一個例子。

沉溺在昔日家庭榮耀的幻想裡

繼昌是昔日同事轉介來的。每次憂鬱症發作，他便很容易進入宗教妄想；相信自己可以直通神明，甚至就是神明本身。他和類似妄想症的患者不同之處，在於他的神明會因爲某些善緣，開始幫他展開恢復家業的這類情結。他的主治醫師覺得這內容在心理動力上太有象徵意義，才建議他做心理治療。

第一次會談時，繼昌提到他爸爸的名字，我立刻就想起來了。當年，也許是高中、大學階段吧，在臺灣沒有人不知道這名字，一位政商皆得意的大人物。曾幾何時，這名字從媒體中消失，好多年來都沒聽人提及。原來，在繼昌大二那年，他們家徹底破產了，他也因此被迫從國外大學轉學回來，一家人窩在三十來坪的公寓。更悲慘的是，想要東山再起的父親，為任何可能奔波四處，忽然在異國心肌梗塞急救不及，從此就留下媽媽、姊姊和繼昌。

會談時，繼昌說起他現在一個人像宅男一樣宅在家的生活。有時，啥都不想做，便沉溺在幻想中：爸爸回來了，告訴他一切又恢復正常了，要他快快收拾行李，日本慶應大學某某教授保證一定錄取他；快快畢業，回來接爸爸的事業。

他知道這一切是不可能了，可是要他去找一份工作，朝九晚五地上班，整個人卻提不起勁。他曾經去某個公司，還被提拔為小組長。可是，想到一輩子這樣的工作，最好也不過是個經理，以前在家裡隨便一喊，就可以找來一、二十個同樣職位的員工，自然也就氣餒了。他說，他知道不要好高騖遠，可是，想到離過去的日子、離父親的成就，是那麼地遙遠，生命像是跌落無底深淵，抬起頭來，面前的未來是一片永遠看不透的黝墨。

繼昌說著說著，忽然嚎啕大哭，又叫又捶，好像鬱積陳年的汙水，一股腦湧現出來。

那是多颱風的炎夏，窗外滂沱大雨同一時間齊聲吶喊。

一個人的自信、自尊、成就感或自我概念，這些名詞，都是西方心理學長期關注的。每個觀念，大概都有上百本的專書和成千上萬的論文在討論，連國內教育界和心理界的學者也不例外。只是，這些汗牛充棟的著作，能否回答我的朋友漢民兄的困惑呢？

東方式的自信建立在對父母成就的超越

我自己喜歡參考英國著名的小兒科醫師兼兒童精神分析師溫尼考特的論述，不過這時也顯然有所不足。

溫尼考特有一個著名的觀念：「適當的失敗和挫折的過程，就是促進孩子們成長的最好環境（The process of optimal failure and frustration is the facilitating environment）」這裡的成長，是指自信心等各種內在的成長；而適當的失敗和挫折，是指孩子們不太熟悉的（像考一輩子試的亞洲孩子，再考一次大考也沒太多成長效果）、也不能太簡單沒有挑戰感覺的（一直玩同樣的線上遊戲，不斷破關，通常也沒啥幫助），更不能是沉重到一受挫就站不起來的失敗和挫折。

如此，孩子們雖然面對著一個有挑戰的情境，但是這情境是自己有足夠的信心敢去試試看的。如果挑戰成功，自然更有信心；如果不成，他還是會想再試試看，抱著「在哪裡跌倒就在那裡爬起來」的心情繼續下去。

只是，在臺灣，乃至整個東亞，這似乎還是不夠的。

在八〇、九〇年代，有一個知名的奶粉廣告，它的一句文案是如此擊中人們內心的焦慮：「孩子，我要你比我更強！」

這雖然是以父母的口吻出發的想法，同樣也可以內化到孩子們的內心深處，成爲這樣的版本：「我的所有一切成就，學歷也好，事業也好，至少要有一種是超過父母；因爲超過父母的，才是我自己能力掙來的，才能證明我自己是有本事的。」於是，同樣是臺大畢業的孩子，如果父母也是臺大畢業，他就不會像父母不是臺大畢業的同學，那麼覺得考上臺大是值得自我肯定的；同樣都是大公司的總經理，如果是從父親手中接來的家族事業，他的信心總比不上另一位白手起家的總經理。

一代勝過一代是自信心的起點。在成就還不及父母，或僅僅和父母相當時，我們會覺得這只是自己基本上就應該做到的。這在亞洲國家是普遍的現象，但西方心理學者雖然在「自信、自尊、成就感或自我概念」這些領域投入長期的關注，卻從來沒有從這角度來研究過。

家庭或家族所處的社會位置，至少在東方，是個人心理的重要影響，甚至是組成的一部分。心理的組成，原本就和社會因素（階層、家庭、變遷等）息息相關。

關於這一點，也許受西方個人主義傳統的影響，大部分西方心理學家都跳過去了；而對東方的心理相關專業人員（包括我在內），也許是這些心理學或教育學畢竟是西方橫向的移植，也就忽略了。在東方，我們的心理學還有更長的路必須去摸索，才能發展出貼近我們生活的心理學。

臺灣經濟曾經一度奇蹟似地起飛，就像現在的中國。

經濟的成長，加上政府八〇年代的普設大學，以經濟上和教育上的成就爲主要根據的社會地位，早早就已經達到高原期，不容易有更高的突破。臺灣的社會學者，如謝國雄等人，早在八〇年代就指出：社會階層的向上流動，已經明顯減緩。減緩以後，下一步就是趨近停滯。

臺灣整體的經濟空間不再有顯著成長，身處其中的家庭和家族再怎麼努力，恐怕都可能遇到玻璃天花板，看得到那一邊世界的美好，卻再也過不去了。但是，能不努力嗎？在這個缺乏社會安全網的國度，稍一疏忽，可能就掉下深淵了。社會的向上流動十分困難，但向下滑落，卻是容易多了。

然而在這樣的歷史和社會脈絡下，我們又該如何思考：一個孩子要經驗怎樣的生命歷程，才能擁有眞正的自信呢？

這是一個挑戰，不只屬於父母，更是所有心理及教育專業人員該好好思考的。

一位女資優生自殺之後

年輕人自殺了，為了愛情自殺了，我們應該瞭解什麼呢？我們的教育，不只是學校教育，包括家庭教育和社會教育都出問題了。

這些年來，天氣特別反常。一年夏天極熱，而冬天極冷，又一年卻是相反。二〇一二年三月寒流特別頻繁。早已經過了立春的季節，果真是反聖嬰現象的緣故，氣溫還是在漫長的冷冽裡。

此時新聞媒體報導了一位南部高中的高姓女資優生自殺的消息。這新聞似乎只持續一、兩天的激動，也就很快冷卻了。

國人自殺幾乎百分之百與憂鬱症有關？

才高中一年級呢，我驚訝地可惜這般年輕的生命。依媒體的說法，說她只是因爲質疑已分手的男友對其他女性示好，遭該男性斥責後而跑到地方圖書館頂樓，用鐵絲上吊自殺。

這是媒體的說法，但，眞實的心情是如何，終究無法想像了。我們都知道，媒體的論述永遠都是太簡化、太戲劇化，也因此扭曲了一切。倒是死者留下的遺書，恐怕是眞的：「對這段感情，我抱持著想分手，不想放手。」

年輕的生命隕落了，在一個無人知曉的正午。那時候，這世界的所有人在哪裡？在馬路上？在辦公室或教室裡？還是正在吃可口的午餐？

我翻了一下自己的行事曆，那是週日中午，自己因前一天參加工作坊的訓練，正在與原本安排在週六的心理治療個案會談。結束後，再趕到臺大校園看了一齣戲，關於榮格、佛洛伊德和他們的女性個案莎賓娜。（莎賓娜從俄羅斯來到蘇黎世遇見榮格的那一年，也是和高姓少女差不多的年紀）。

事情發生的那一時刻，我坐在診間，我走在路上，沒有聽見生命這般尊貴的墜落引起的任何聲響。

那天是三月中旬的第一天。過沒幾天，從報紙和電視，到整個臺灣島嶼，所有的角落都爲盛開的櫻花著魔了。人潮擠著人潮，焦躁的心情比全面綻放的櫻花還更激動，再也容不下任何思考或回憶的刹那安靜。高姓少女，這個年輕的生命，也果眞不再存在了，甚至是從人們的記憶中消失。

生命消逝是如此容易，而人們的遺忘似乎是更加容易，可能下一個高姓少女之死將會更迅速，連激起注意都不容易，甚至可能像是不曾發生過。

自殺，一度是臺灣朝野普遍重視的問題。然而，這樣的「熱潮」似乎在逐年消褪中。

二〇一一年九月十一日，也就是世界自殺防治日，自殺防治中心李明濱教授就指出：「臺灣自民國八十六年起，自殺已連續十三年進入國人十大死因之列，近幾年，在政府和民間合作推動自殺防治工作下，分析歷年自殺死亡率之變化趨勢，臺灣的自殺死亡率自九十六年以來呈現逐漸下降的趨勢，九十九年更進一步退出國人十大死因之列。」而二〇一二年，臺灣自殺率又回升了。

亞洲人民的自殺原因偏向急性生活壓力

自殺防治工作是相當不容易的一件事，臺灣是亞洲國家少數提出這樣計畫的。雖然成效還不及香港和日本，但是，客觀而論，是相當値得鼓掌了。

臺灣的自殺防治工作，基本上是走醫療模式。在臺灣的自殺事件，事後的心理解剖，幾乎近百分之百被認定是憂鬱症相關的心理疾病（九七～一○○%），遠遠超過亞洲其他國家，包括中國（四五～七六%）和印度（三三・六～八八%），也就是亞洲一般五九～八五・七%的範圍。

這樣的流行病學數字是教人困惑的。究竟是主導臺灣自殺防治政策的皆爲精神科醫師（如李明濱、鄭泰安等前輩），而先入爲主的觀念影響了診斷判斷？還是臺灣島上的人民是一種特殊的族群，只有憂鬱症才會導致自殺？

臺灣的自殺防治工作除了核心的醫療模式，外層工作則是試圖要完成「自殺防治守門人策略」。只是，根據全國自殺防治中心的網頁，目前似乎只推廣到生命線、農藥販售商、老人居家服務、榮民之家、臺大校園而已，離「全國」其實還很遙遠。更何況，也找不到效果評估，不知道真正的影響究竟有多少。（當然，在臺灣，許多政府主導或政府出錢讓學術界或有力團體主導的社會介入策略，從來都沒有可信的效果評估。）

二○○八年國際醫學期刊《刺胳針》（*The Lancet*）刊出一篇由臺北聯合醫院松德院區（即昔日的臺北市立療養院）陳映燁醫師和香港大學社工系教授葉兆輝共同列名的投書，文中就指出，亞洲的自殺防治不該採取歐美的醫療模式。

歐美的自殺和憂鬱症有較明顯的關聯，而亞洲則是偏向與急性生活壓力有關；

歐美文化的個人主義，融合醫療上一對一的治療；亞洲的家族、社群取向，一對一的醫療可能還不夠，甚至是不適合的。

因此，當時陳映燁醫師在《聯合晚報》的一篇採訪中表示：「亞洲國家的自殺防治策略，不應是偏臨床醫療，有自殺傾向的人，不應讓他們繼續走向不歸路。」

造成自殺的急性生活壓力是什麼呢？

在陳映燁醫師等人二〇一一年的另一篇論文裡，就指出：「在亞洲男性，和失業、賭博、工作相關因素，是最重要的促成因素；在女性則是家庭相關問題。」

臺灣自殺現象的獨特，除了急性生活壓力，還包括貧優生自殺，或為情自殺／他殺的；另一種自殺也是世界上的獨特現象：殺家人的自殺（familicide-suicide）。

失業的父親開車帶著全家到偏僻地區，用排氣管將廢氣引進密閉車內，全家一起死亡；走投無路的單親媽媽，將自己的小孩勒死再行自殺；長期索錢而無所事事的成年兒子，在索錢被拒後，殺了父親而自殺；年輕學生因家貧被同學瞧不起而遭霸凌後，留下「我們全家都是垃圾」的遺言，準備焚屋卻幸虧被發現……。

每當打開報紙，轉到電視的新聞頻道，這一類的新聞總是教人怵目驚心。幾乎是每一、兩個禮拜就會出現一次。

如果高姓少女這樣的死亡，教人想到繽紛飄落的櫻花；那麼這一類「殺家人的自殺」則像是走在馬路上突然出現地下瓦斯管的爆炸——只是愈來愈頻繁，大家也就習以爲常、迅速遺忘，沒有留下任何記憶的灰燼殘跡。

這樣的問題，臨床醫療能解決嗎？

當然不可能。

自殺背後潛伏著巨大的社會、教育問題

自殺率下降了，自殺不再是全國十大死因了，但自殺的人數還是相當多。

從中年男人自殺案例的增加，我們就應該知道：這社會需要能促進經濟繁榮的政策。

老年自殺增加，我們也應該知道：這社會的老人安養出問題了。

單親媽媽的悲劇頻頻出現，我們就應該理解：性別政策還是不夠好，性別差異對待還是這社會的嚴重問題。

然而，年輕人自殺了，爲了愛情自殺了，我們應該體會到什麼呢？我們的教育，不只是學校教育，包括家庭教育和社會教育都出問題了。

自殺，眞的不只是臨床醫療問題而已。

高姓女孩離世的第十五天，我寫著這篇文章，忽然覺得這些急性壓力的範圍有一股熟悉感。我默默思索著，就學、老人、婚姻、教育……。忽然想起來了，原來這熟悉感是來自於從小學校要求背誦的課文，《禮記》〈禮運・大同篇〉：「使老有所終，壯有所用，幼有所長，鰥寡孤獨廢疾者，皆有所養。男有分，女有歸。」這段古老的文字，十分簡單，卻涵蓋了所有當初社會的問題。

而在〈禮運・大同篇〉這段話之前，是「人不獨親其親，不獨子其子」。這一句話的精神，不也就是臨床醫療之外的「社區路線」這一類嗎？

如果只有臨床醫療，還是會有許多高姓少女，還是會有許多家庭悲劇。要真正改變這狀況，還要有活絡起來的社區和幸福感足夠的社會。這就不只是政府的政策問題了，這是與每一個人都有關的態度問題了。

【參考文獻】陳映燁 Ying-Yen Chen 等人〈Suicide in Asia: Opportunities and Challenges〉，《*Epidemiology Review*》，2012，34:129-144。

這世界的性格愈來愈外向了

外向變成主流，但內向的那些美德，包括持續力或執行力，包括凡事有足夠思考的習慣等等，包括意志力和毅力，會不會愈來愈被忽略了？

在我還是小孩子的那個時代，國小還有一堂「說話課」之類的課程。我記得每次上課時，老師必然先問有沒有同學要志願上臺說故事。老師會說：「志願的請舉手。」這時，同學們迅速將頭低下，唯恐被點名。老師也理所當然地知道沒人會主動舉手，自然就開始點名，固定指定班上那幾個擅長在大家面前說故事的人。

同樣的狀況也發生在音樂課。這就更令人困窘了。沒有人要單獨主動唱完一首歌，頂多站起來帶頭發個音就很了不起了。而且，這聲音通常還有些緊緊的，甚至會出現稚童不應該有的破音或沙啞。

在那個時代，上臺是一件令人害怕的事。現在的精神醫學或心理學裡，所討論的「舞臺恐懼」（Stage Phobia），在那個時代是我們應該要有的美德。那些急著舉手要表現、每次搶著上臺的，通常會被告誡或暗示說要很被動地等老師點名，否則會被人們認定是「太愛出鋒頭了」，是一種不應該的行爲。

性格的標準也是會改變的

人有性格，這個世界也有性格。

曾幾何時，當這個世界變得愈來愈外傾時，我們的性格也愈來愈外向了。

我曾聽一位社會學者朋友告訴我，近來社會學上有整個世界愈來愈外向的說法：愈來愈能夠表達自我、愈來愈強調人際關係、愈來愈追求主動。我不知道這是哪位社會學者的說法，他原先眞正的論點究竟從何而來？不過，這樣的說法，確實讓我看到了這世界近十年，甚至二十年來的許多改變。

同樣地，在我們的社會裡，那些沒人舉手的音樂課或說話課，已經不再存在了。最近電視的綜藝節目裡，像「百萬小學堂」這個節目中，那五、六個高年級小學生，不論男女，永遠高舉著手大喊「選我、選我」，似乎才是這時代小孩子的模樣。

這改變是怎麼產生的呢？

我想起卡拉ＯＫ的發明。據說卡拉ＯＫ是在一九七一年由日本人井上大佑所發明的。井上原本是伴唱的音樂家，像金門王那樣的那卡西樂手，他發明這東西，頂替找不到樂手的場合。這種延續那卡西和伴唱帶的科技產品，原本是提供給一群朋友或家人自娛的；或是在酒吧式的場合，取代小樂團，供女歌手娛樂客人，或是供客人唱歌自娛。這玩意很快傳到臺灣在內的東亞，再傳到全世界。它傳到臺灣以後，卡拉OK慢慢演變成爲KTV。這是一種附有卡拉OK的獨立空間，慢慢也成爲全世界華人圈中，朋友或家人聚會時常去的地方，既是自己人的聚會，也是自己人娛樂的場所。

我自己的家族約是在二十年前，第一次在KTV舉辦家族聚會。當時，兄弟姊妹們各自雖然已有參加KTV聚會的習慣，不過，那是跟同學、同事或朋友，眞的要面對家人唱歌，還是挺尷尬的一件事情。倒是三個侄孫輩：一個剛上小學、兩個還在幼稚園，一起唱起當時最流行的歌曲，小虎隊的「紅蜻蜓」和「青蘋果樂園」，又跳又唱好不自在。我們是長大才學卡拉OK的，他們這一代，卻是出生在卡拉OK裡。

我們的生活環境到處都改變了：從不敢上台，到全民唱卡拉OK；從朋友聚會時開始出現搶不到麥克風的現象，一直到現在類似「星光大道」或「超級偶像」這種極爲專業的比賽。整個臺灣在變得愈來愈愛唱歌也愈會唱歌的同時，也變得愈來愈外向了。

現在，在臺灣，對大眾或陌生人講話，不再是問題。尤其任何媒體的攝影機在任何社會事件的現場，當鏡頭一旦對準任何路人要他發表意見，幾乎每一個人都可以侃侃而談而不怯場。

同樣的情形出現在電視上，出現在群眾聚會，也出現在我們的日常生活裡，包括家裡或學校場合，孩子愈來愈有欲望去表達。

「內向」曾經是大家都推崇的美德

內向曾經是我們的民族性格。

靦腆、憨厚、不出鋒頭、默默努力等等，這些過去被推崇的美德，在在可以放在「內向」這個字眼下。這同時是西方人眼中的華人民族性格，是默默努力的美德，也是「一群沒有面目的人」的負面刻板印象。

還記得法國電影「情人」（L' Amant）嗎？一九九二年由讓—雅克・阿諾（Jean-Jacques Annaud）導演，他是根據前些年才去世的法國女作家瑪格莉特・莒哈絲（Marguerite Duras, 1914-96）的回憶體小說《來自北方中國的情人》改編，由梁家輝和珍・瑪奇（Jane March）主演。

莒哈絲這位在越南河內（當時是法國殖民地）出生的法國女子，描述了自己少女時代曾有過的激烈戀情。在電影鏡頭下，化身爲十五歲中學生、還是未解性事的西方少女珍妮，面對戀情，反而顯得大方、穩重，自然而奔放；倒是梁家輝所演的二十多歲已婚華裔商人東尼，卻是害羞而侷促不安，甚至因爲他的猶豫不決才導致最後的分手。

這雖是西方人寫的故事，是西方人眼中的東方人，但何嘗沒有幾分眞實呢？我們的民族性格，即使是面對少女的男子，曾經也是內向，甚至是拘謹的。

內向（introversion）和外向（extroversion）這觀念，是由榮格正式引進心理學理論的。在他之前，包括瑞士詩人施皮特勒（Carl Spitteler, 1845-1924）、德國哲學家席勒和哥德，甚至是心理學先驅威廉・詹姆士（William James, 1842-1910），在他們著作中都曾提及這樣的觀念。但是榮格確實是第一個將這一切發展成有系統理論的人。

在和佛洛伊德決裂前後，榮格撰寫《心理類型》（*Psychological types or the psychology of individuation*）一書，直到一九二一年出版，他在書中提出了兩種態度（內傾、外傾），四種功能（感官和直覺／思考和情感）和兩種方式（感知／決斷）。

這也是榮格十六型人格理論的來源。對榮格而言，他的目的倒不是要將性格加以類型化，相反地，他想強調的是每個人都有自己獨特的存在方式，沒有任何放諸四海皆準的準則。在這基礎下，他才進一步討論個體化（individuation，又譯自性化）這個他早期理論中最重要、也是佛洛伊德學說中付之闕如的理論。

在內、外傾（或內、外向）的態度上，榮格指的內傾，是關心個人內在世界，善於自省且透過反省來發展想法、獨處自主的能力，個性實幹又聚焦深入，且寧願三思而後行。這樣的人，不一定是獨行一匹狼（loner），也不一定是害羞（shy），雖然內傾者當中這類情形比例是比較高。

相對地，外傾者則較關注外界的人事物，善於運用外在資源，在工作和關係上採取主動，有廣泛興趣，而且通常是先做了再說。同樣的，他們不全是喜歡社交，也不一定是熱情的。

改變的不是個人性格，而是社會意識型態

然而，整個世界愈來愈外傾了，我們的民族也愈來愈外向了。在這產生許多改變的同時，也產生許多新的問題和思索。

所謂世界愈來愈外向或外傾，是所有人個別的性格傾向，還是社會意識型態的改變而造成社會規範的不同？更明白地說，現在心理學認為人類個別的性格大部分是先天形成的，也就是主要是由基因（也包括基因－環境的過程）決定的。如果大部分取決於天生的生物性，在理論上，人類的性格不應在這短短數代之間，就因為完成了達爾文所描述的基因選擇，而產生明顯的改變。

個人先天的性格在短短幾代內的改變其實應該不大，真正改變的是社會的意識型態。就像胖瘦問題，過去中國唐朝的古畫也好，西方從文藝復興時期一直到十九世紀末印象派畫家雷諾瓦的油畫也好，呈現出的審美觀都是女子豐滿才是美。曾幾何時，女孩子爭相要瘦成像模特兒那樣的紙片人，這愈瘦愈美的價值觀成了新的審美標準。社會意識型態一旦改變，社會規範也就會改變。

還記得這些五○、六○、七○年代曾經在臺灣流行的口號或成語或座右銘嗎？「只問耕耘，不問收穫」、「默默苦幹」、「吃得苦中苦，方為人上人」、「十年寒窗無人問，一朝成名天下知」……曾幾何時，這些用來鼓勵人心的話語，現在聽起來變得十分突兀。

現在的這個社會要的是聲音。選舉到了，任何黨派都在遊街，發出自己的聲音；在臉書、部落格或微博上，人人都有意見；媒體任何一個鏡頭抓到任何一個人，都講得頭頭是道；坐上計程車，每個司機都是政論家……

但是，至少三個問題來了。

外向變成主流，但內向的那些美德，包括持續力或執行力，包括凡事有足夠思考的習慣等等，包括意志力和毅力，會不會愈來愈被忽略了？

很多人變得外向，但不是每個人都能做到。然而社會規範都是愈來愈外向的。在過去，內向的人可以活得很自在，但現在卻開始有不合社會規範的壓力。臨床上被判斷爲「社交焦慮症」的人，在臺灣或韓國，近年都發現增加好幾倍。這是第二個問題。

同樣地，雖然大家愈來愈敢發聲了，但是，這些聲音背後的獨立思考能力，是增加了還是減少了？還是只是迎合聽衆的反應，所發展出來的說詞罷了？

如果看看電視上那些名嘴，啥都可談，啥都沒有立場，似乎，這個問題是比想像中的嚴重。同樣的，我們的學生愈來愈敢上台了，但他們說的是自己的想法，還是像鸚鵡一樣拷貝別人的說詞？

世界變外向了，我們眞的變得更好嗎？

大家來跳舞！

有「身體」的青少年，自然也就容易察覺自己的情緒，表達自己的情緒。沒「身體」的青少年卻是連自己的情緒都困住了，甚至到他們成為別人的父母時還是如此。

在診療室裡，瑄穎和她的父母就這樣吵起來，聲音愈來愈高，最後是我忍不住出面才制止。我一方面問著父母，通常這情形，如果沒有第三人介入，最後會是怎樣的結果？另一方面，我暗自想著：怎麼回事？怎麼會談到這個話題來？

引發雙方陷入這種歇斯底里的情緒，只是因爲談到社團的選擇。瑄穎提到當初要參加學校熱舞社被父母阻撓，因爲他們認爲學跳那種舞，一定會干擾到功課。後來因此退出熱舞社的瑄穎，功課還是一樣慢慢落後。瑄穎才忿忿不平的說出這個引爆點：「什麼都依你們了，成績就是不依你們，我有什麼辦法？」

瑄穎一家人的問題涉及的層面很廣，包括父母的過度介入、過度保護和過度在乎成績的單元思考。而舞蹈只是被這個單元思考所排擠掉的許多可能之一。然而，我卻想起舞蹈在青少年生命中的重要性。

年紀愈大，身體愈彆扭

有時候，我不禁想著，也許應該好好呼籲：「大家來跳舞！」包括父母，還有小孩，都應該起來動一動。大家應該站起身子，雙手舉高，大搖大擺的動一動。

孩子還小的時候，他們四處跑動，學電視裡的歌星扭腰，都可以獲得大人們的讚賞。然而青少年以後，身體因為青春期的緣故，忽然拉拔長高。在這同時，身體也不知不覺不被鼓勵有任何自發性的擺動，每個人對自己的身體也就沒有保持繼續熟悉的管道。於是，在身體變化最大的時候，青少年都忽然有一種集體的默契，全都進入一個忘記自己身體而呈現「沒有身體」的狀態。

如果有機會，我們到任何一間國小高年級或國中的教室去走一趟，幾乎每個人都可以感覺到，在那樣的空間裡，聚集了一堆全世界最彆扭的身體。

慢慢的，也許高中，甚至大學，這些彆扭雖然漸漸減少，可是，身體的自發性活動也不見了。我們看到的是安靜的身體，是被馴化成一套固定姿勢的身體；一旦被放到不同的場合，身體又會暴露出不知所措的模樣。

失去身體感覺，也就失去與情緒的連結

偏偏這是一個十分外向的時代，除了重視社交技巧，也重視外表。沒有能力隨興擺動肢體，卻可能十分重視身體和外表。身體只剩下形狀、尺寸和名牌，卻沒有廣泛的熟悉、沒有觸覺，也沒有體覺（somatic sensation）。既然不熟悉也沒有感覺，身體也就無法和自己的情緒做任何連結。也就是說，沒有身體感覺，當然不容易察覺自己的情緒。

青少年的階段是一個開始出現很多感覺的階段。這些感覺不只超越了過去所熟悉的領域，甚至常常還是彼此矛盾的。

經常，很多父母抱怨對小孩說啥都不對。問他們是否要往東，他們只是「唷」一聲，不置可否；問是不是要往西，也是一樣。父母不禁問：既然不是往東，爲什麼不是往西呢？

然而，對青少年而言，這種矛盾存在的想法是一種存在的感覺，只能意會而無法言傳。在成長的漫長過程中，他們的「唷」只是放棄了表達：一方面找不到這感

覺確切的狀況，一方面也知道應付不來父母的性急。

孩子們有一天開始感覺清楚了，才開始學習找到適當的字眼去表達這豐富的矛盾。這時，他們才有能力回答父母說：「我覺得往東也不錯，往西也不錯，但又都不是那麼百分之百喜歡。」然而，在完成這過程時，如果能先熟悉自己的身體，往往更能掌握自己的感覺，進而找到承載感覺的語言。

前一陣子有個機會去幫雲門舞集舞蹈教室的老師們，上一堂關於青少年心理的課。雲門舞集舞蹈教室創辦十多年，當年的小朋友如今已是青少年了。我問老師們的心得，有位老師的分享讓我印象十分深刻：「家長原本只覺得小孩喜歡來就繼續上下去，有一天去了學校教室，才發覺自己已經上國中的小孩，站在同學裡，就是跟人家不一樣。」

家長說不清楚哪裡不一樣，老師也形容不出來，但他們都暗中歡喜。我想，那就是因爲對自己身體的熟悉，整個人都自在多了。有「身體」的青少年，自然也就容易察覺自己的情緒，表達自己的情緒。沒「身體」的青少年卻是連自己的情緒都困住了，甚至到他們成爲別人的父母時還是如此。

所以我才想大聲地喊：「大家來跳舞！」特別對眼前這個即將爆發的緊張家庭喊：「站起來，大家一起動一動吧！」

流浪在新世界的異鄉人

走向世界，不一定就能走進世界。

走向世界，是旅行家的行徑；走入世界，則是人類學家的態度。

每年聖誕節，我的心理門診總會來幾位海外歸來的年輕人。這是歐美學校難得的長假，他們乘機飛回來諮詢心理相關的困擾。

小豪是從西雅圖回來的。在海外三年的寄宿中學後，剛剛申請到知名的大學，當上新鮮人。

在會談室裡，他描述了他鄉異地生活的情形，一股孤寂的感覺自然湧現。

每天搭例行的公車、走固定的路線、去一間沒有任何熟識朋友的教室，甚至是到容易教他分心的上千人大堂聽一些共同科目……。

他唯恐我不相信，還拿出手機秀他拍的照片：人山人海的學生擠在一起上課。是他上課前搶到後面位子無聊拍攝的。

這樣的上課情形，我是知道的。更早以前，有一位多倫多大學的學生，還傳了幾張他們在三層階梯座位的超級大廳上生物課的照片給我，同樣也是抱怨這些名校居然有這麼誇張的上課方式。這情形要是在臺灣，就算是再好的名師開課，這樣的方式恐怕也會讓學生的父母們罵死學校了。

臺北比西雅圖好多了？

小豪開始懷念臺灣，覺得臺灣一切都美好。特別是這次回來和昔日臺北美國學校的同學一起去夜店，逛了幾晚後，更是感覺如此。

他強調說：「眞的，比西雅圖好多了！」

比西雅圖好多了？

我腦海中立刻浮現電影「西雅圖夜未眠」；想起星巴克咖啡和微軟都是在那裡發源的；想起連續幾年這城市都被選爲全美最適合人居住的城市；也想起臺灣最偉大的詩人楊牧，他長居此地孕育出關於西雅圖的許多作品。

我問小豪，他知道這些嗎？

小豪茫然地看著我，安靜了二、三十秒，才遲遲問說：「眞的嗎？」

小豪從來沒有眞正走進西雅圖這個城市。

小豪住在西雅圖，然而西雅圖對他而言只是學校、住家和機場三個各別的點而已；唯一的活動範圍，只有連起這三個點的街道和交通工具。

小豪住在西雅圖，卻從來沒走入西雅圖，甚至沒有貼近西雅圖。

這樣的情形，不論大留學生或小留學生，其實經常可見。我曾遇到一位從名列美國十大的普渡大學休學回來的小女生球球，她說待在那個學校裡，自己甚至可以整個禮拜一句話都沒講。

球球說自己原本就容易緊張。那一年，忽然從美洲西岸離家到普渡，其實是她第一次一個人生活。原先在中學時，球球從臺北轉學到舊金山，還是媽媽兩地飛來飛去地緊緊陪伴著，甚至買了一幢房子做暫時的家。

上大學那一年，媽媽覺得女兒該長大了，不再飛來陪伴；球球自己也覺得再央求媽媽來，若被未來的同學看見，也太丟臉了。只是，當一個人留下來開始生活時，特別是雪落以後，漫天蓋地的一片雪白，她忽然感覺到自己的渺小，以及渺小到隨時可能消失的一股強烈不安。

在這遼闊的大學小城，生活本來就是很單調的。學校的設施十分豐富，甚至擁有兩座十八洞的高爾夫球場。但對不打球的人來說，這樣的廣闊空間，只是徒然增添寂寥感受，而憂鬱，也就不知不覺地襲來了。

走向世界，不一定就能走進世界

要如何解釋球球和小豪在陌生地域產生格格不入感覺的現象呢？

是他們原本就適應不良？

球球原本就是內向害羞，是所謂高敏感性格的。但小豪卻不是，至少談不上內向，甚至認識他的人都覺得他是愛交朋友的。

也許，我們可以從另一角度來想想吧！

我們的社會愈來愈開放了，要走到世界任何角落，至少比過去容易許多了。

在七〇年代，臺灣還處於戒嚴時代，要離開這個島嶼是相當不容易的事，連要靠近被海防部隊所看守的海岸都是不可能的。那時，作家三毛風靡一時，她在撒哈拉沙漠的旅行手記，成爲大家將自己的出走欲望投射其中的閱讀。（同樣的三毛現象，後來也出現在九〇年代的中國大陸。）

在那個時代，我們都以爲，只要拿得到護照和機會，每個人都會飛去北非，成爲貝都因人；會游到愛琴海，只是單純地躺在沙灘上；或是走進亞馬遜河的熱帶雨林，就再也不回頭了。

臺灣解嚴以後，旅行果眞是愈來愈容易了。而這同時，開放自由競爭的航空公司，帶來更多的航線；愈來愈多國家，提供免簽證的旅行入境；網路的發達，人們可以做好事先的準備，包括訂好住宿和交通等；愈來愈多的旅遊資訊，也讓人可以先做好行前的功課。

旅行愈來愈方便之際，我們社會的年輕一代，應該有更多的三毛，更多人在四處旅行，也更多人投入探險家的行列。

而事情的發展，也果眞如此：更多人，在路上。

當世界的門爲我們打開，走向世界愈來愈可能了。於是，我們看到《交換日記》，我們也有從撒哈拉到北極跑馬拉松的林義傑。只是，有多少人眞的上路了？或者說，上路的人是全部的多少比例？

更何況，走向世界，不一定就能走進世界。

走向世界，是旅行家的行徑；走入世界，則是人類學家的態度。

當旅行家走進世界角落的某一城市時，他看到了異國情調的同時，當地人也在他身上看到了不同方向的異國情調。當人類學家來到世界盡頭的另一個村莊時，他慢慢變成當地風景的一部分，而當地人也經常不小心就將他當成自己人了。

在這時代，許多像球球、像小豪這樣的青年走向了世界，也許勉強將自己振奮爲旅行家的心態出發上路，卻沒有像人類學家進入、觀察和體會身處的那座城市的意向。

然而，他們留了下來。不知不覺成爲這城市永遠的異鄉人，陷落在法國存在主義大師卡謬筆下格格不入的困境裡，甚至是布拉格作家卡夫卡的城堡裡，是出不來了。他們永遠沒有成爲當地人，永遠是懷念臺北的異鄉人。

從林書豪談起

不曉得這些因為各種理由送小孩到歐美的父母們，在觀看林書豪旋風時，可知道自己正值青少年或青年的子女，其實正面臨同樣的種族歧視？

鳳飛飛的去世和林書豪的崛起，似乎成了二〇一二年寒冷二月的臺灣一種代替的取暖方式。

鳳飛飛是典型的國民歌后，是這個島嶼共同記憶的重要部分；當這個失落成爲人們共鳴的緣由，哀悼中的衆人自然會有一種聚集在一起的感覺，一種不再疏離和孤單的溫暖。

林書豪的奇蹟崛起和謙卑的態度，則是結合成另一種溫暖。他過去長期被忽略的事實，和他球場上不可思議的能力，相對於他將一切歸於信仰的謙卑，更讓所有觀衆（不只是臺灣）都擁有了恢復動力的能量，對未來開始有了充足的企盼。

揮之不去的種族歧視

不過，即使陽光如林書豪，在幾乎沒有任何負面情緒的態度裡，他在二〇〇九年ＥＳＰＮ專訪時，還是忍不住講了一些成長過程中遭遇的種族歧視，像是被稱爲「糖醋排骨」、「餛飩麵」和後來ＥＳＰＮ的「Chink」這類的稱呼，林書豪直接說這是「種族嘲笑」（racial jokes），是「種族羞辱」（racial slurs）。這大概是最有情緒的一次吧，即使口氣是平淡的！

而鳳飛飛去世後，媒體經常提起她在英國讀書的獨子趙玟霖。有一本週刊雜誌甚至列表出來，將徐乃麟等諸多影劇人物如何送子女到國外就學的詳細情形，甚至是相關費用，都整理成一目了然的表格。

不曉得這些被一心求好的父母送出去的小孩，他們是如何面對林書豪口中的種族歧視？

被剔除在白人、黑人、拉丁裔之外的亞裔

移民到歐美社會的華人青少年，幾乎不可避免地會遇到這個族群問題。不論是

第二代以英語爲母語的ABC，還是年幼才跟父母或因讀書到歐美社會定居的，無一例外。然而，這卻一直是一個沒被討論的問題。

一個普遍存在卻沒被討論的問題，是集體的自我欺騙。對大人來說，這是不得不的選擇，是以理智權宜利弊之後的選擇。但對小孩而言，卻是不同的。

這問題沒形成話題，小孩也就從不明白。等到他們長大了，他們會以爲一切的問題都是自己招惹的，是自己太笨、不聰明，是自己太遜、能力不足，是自己太矮、身材不夠看等等。總之，都是自己的錯。於是最後只能一個人躲在角落，舔自己的傷口。

在臨床工作裡，常常遇到這樣的個案。他們也許成長爲大人了，卻還是面臨這個問題。他們也許找到適當的方式自我治療了，也許在國外遇到對這樣的文化議題夠敏感的治療師，或者，也許像我的個案們一樣，要利用聖誕節這類假期回來尋求協助。

有一位在北加州長大的第二代，他用英語跟我敘述自己在小學五年級的某個早上，忽然發現先是白人朋友愈來愈不跟他來往，後來是黑人朋友，再來是拉丁裔，最後他只能和一群不太講英文的剛從亞洲來的人做朋友。

另一位個案原本也可能成爲林書豪的。他在聖路易的某一中學校隊許多年了。

升十年級那一年，黑人教練跟他說：「獎學金就留給別人吧，亞洲人是很會讀書的，自己去努力吧。」從此，他就被踢出校隊。

這種種族區隔隨年齡逐漸嚴重，到了大學才慢慢趨緩。

不曉得這些因為各種理由送小孩到歐美的父母們，在觀看林書豪旋風時，可曾知道自己正值青少年或青年的子女，其實正面臨同樣的種族歧視？只不過，不論他們遇到的歧視或輕或重，他們大多沒有林書豪的籃球能力來贏得同儕的尊重，也沒有林書豪的哈佛學歷。

如果是這樣，他們要如何熬過自己漫長的青春呢？

面對未來需要執行的毅力

有時一心追求完美而太過謹慎，夢想因而變得太小，不知如何讓生命有一個有意義的目標；有時卻好高騖遠，懷著太大的夢想，卻只有太不足的執行力。

這一天的會談，老實說，我自己有點阻抗，不太想見這個個案。我知道這是不應該的，但這感覺確實存在。這個個案是小艾。

已經會談一陣子的小艾，依然總向我抱怨她的不足。

這已經是第二年了。去年她就該完成碩士論文，卻又毫無理由地拖了整整兩年。兩年前她來找我，是因爲嚴重的憂鬱症狀。當時，依她碩士課程，是開始半職實習的時候。原先在學校裡，無論上課、考試、寫報告，她都表現得十分傑出，甚至是太完美了。沒想到實習的第一個月，這個優越的成就感就被擊垮了。

剛去實習時，有一次帶領實習的公司幹部跟大家討論市場規則，提到原來在宏碁任職後來被資遣的執行長，義大利人蘭奇（Gianfranco Lanci），幹部問大家說：「為什麼宏碁質疑他的能力和誠信，而聯想集團卻願意高價聘他為顧問？」

她說，自己從沒聽過這些人名或品牌。沒想到那些平常成績比她差的同學，卻能夠你一言我一語地講得頭頭是道。從此，即便是回到昔日意氣風發的教室，所有曾經擁有的自信全都碎裂不見了。

追求風光可能是一種陷阱

在過去的日子裡，小艾一直都在追求絕對的優越，一種近乎完美主義的追求。只是，她的完美是在有限的圈子裡，是只包含了傳統學校教育的小小圈子。在過去，只要是在這個圈子裡，她便要求自己是絕對的卓越。

然而，圈子以外的世界呢？

在輯二提過的德國女精神分析師卡倫•荷妮，是德國漢堡市附近的小村Blankenese（目前已經是漢堡的高級住宅區了）出生的日耳曼人。她爸爸是個船長，十分傳統，脾氣也極差，孩子們暱稱他為「扔聖經的人」。媽媽相對較開明，但也重男輕女。

根據荷妮青少年時期的日記，爸爸是「一位十分殘酷要求紀律的人」，很少流露感情，只會從世界各地（因爲是船員）帶回許多禮物。九歲那年，荷妮自覺不可能美麗出色，決心投入智力活動，於是開始不自覺地對哥哥們挑釁；覺得被羞辱的哥哥，經常將她反羞辱一番，讓她陷入第一次的憂鬱。

在荷妮的理論裡，她提出「追尋榮耀」（譯成「追求風光」更生動）的觀念，認爲對理想自我（ideal self）追求實現的驅力，是種精神官能症的或神經質的追尋。

「所有爲榮耀努力的驅力，共同點就是獲得比一般人更多的知識、美德和權力；一切驅力的目標都是『絕對的』、『無限制的』、『無止盡的』。」於是完美的需要、病態的企圖心，和拚得你死我活的勝利驅力就出來了。

「追求完美的需求，變成了一股強大驅力，將整個人格塑造成理想化自我（idealized self）。精神官能症患者對只做一些改變是不會滿意的；沒有完全的完美是不可能接受的。他們爲了完美，高舉了許多『應該』（shoulds）和『不應該』（should nots）的旗幟。」荷妮將這現象命名爲「應該的專政」（tyranny of should）。

荷妮也許就是在談她自己年輕時的傲慢，以及隨之而來的痛苦。荷妮這些十分原創的理論，其實就是來自她自己的血淚成長經驗。

不是每一顆種籽都是橡實，可以長成高大的橡樹

小艾的情形，可以用荷妮的「追求榮耀」和「應該專政」來理解。

在她的世界裡，絕對的完美是人生的基本條件。我們在一開始的會談後，她明白了自己要走企業管理這一行，勢必要對外在的社會，特別是商業世界，有更多的理解。於是在我的建議下，她開始閱讀《商業周刊》和《天下》雙周刊。

沒多久，她放棄了。對她而言，這些雜誌的每一篇文章都說明了一點東西，但又帶出十多點她竟然不懂的「基本」背景知識。她說：「我應該要懂的，怎麼現在全都不懂？」

唉，又是一個「應該」！我內心深處不禁有了這樣的反應。

小艾這情形其實是很普遍的。

這些年來隨著心理知識的發達，加上資訊社會帶來的各種訊息，每個人似乎都有著應該要將自己潛能完全發揮的信念。然而，即便完全發揮了，也不是每一顆種籽都是橡實，可以長成高大的橡樹。有時，一心追求完美而太過謹慎，夢想因而變得太小，不知如何讓生命有一個有意義的目標；有時卻好高騖遠，懷著太大的夢想，卻只有太不足的執行力。

對自己的內在，不應只是相信潛能，還要瞭解自己的潛能，包括可能的才華與限制。對於存在於我們之外的這世界，究竟樣貌如何，可能的趨勢是如何，也是我們必須理解的。

如果單單只是強調發揮潛能，恐怕容易變成荷妮所說的「追求榮耀」，因爲小孩在成長的過程中，他們只瞭解如何獲得榮耀而贏取掌聲（理想），而不願去瞭解眞實的世界。因爲瞭解眞實的世界，可能讓他們覺得原先的榮耀逐漸褪色，因此讓他們失去榮耀的感覺。

用各種方法否定生活圈外的社會

小艾想要從事商學活動、從事企業管理，難道她不曾意識到外面有一個熱鬧而精采的社會，需要去瞭解？甚至，在她實習時，那一股衝擊的力道，彷佛是她第一次知道原來還有一個外在世界似的。

人的心理防衛機轉是奧妙的。佛洛伊德在一九二四年的著作談〈精神官能症和精神病的現實喪失〉，就提到「否認」這個觀念。這個字在德文裡是verleugnung，是對現實存在的事物，特別是有創傷性作用的，拒絕承認它的現實存在。英文將這字翻譯成 denial 或 disavowal，直譯成中文是「否認」。

但是中文的「否認」，是明知其有卻拒絕承認。也就是說，在意識層面就知道它的存在，只是不承認而已；更不用提潛意識或無意識層面。但佛洛伊德這字的意思是全然沒感覺到它的存在——因爲不存在，創傷也就不曾發生。因此，國內一些學者（陳傳興等人）主張應譯成「拒認」或「拒認現實」，來取代可能誤解的「否認」。

對小艾來說，她從小成績一直名列前茅，也就是處在荷妮所謂的「榮耀」狀態。她想追求、想維持這榮耀，再加上我們的父母和社會教育小孩的態度是「先讀好書，其他以後再說」，於是在成長過程中，雖然經常有瞥見外在社會的機會，但看到的剎那，那光芒是如此刺眼，幾乎要摧毀掉小艾原來世界的榮耀，小艾也就不自覺地用各種方法去否定這一切。

國中時，女同學開始討論日本偶像團體時，她立刻覺得十分不屑，認爲低俗；高中女同學開始看《儂儂》雜誌，學如何打扮化妝時，她覺得她們好不上進；男同學開始瘋打球或熱舞時，她覺得「不學無術」。總之，她永遠有許多理由去貶抑這些可能打開潘朵拉盒子的活動，永遠不必去看到自己生活圈子外面的這個眞實存在的社會。

只要拿起槳開始划，不管朝哪個方向，都會抵達新陸地

我坐在會談室裡，看著沮喪的小艾。

如今她是發現外面的世界了，但她現在覺得外面的世界是那麼遙遠。她覺得自己被海洋包圍著，不論東南西北、三百六十度，陸地都是遙不可及的，幾乎怎麼划水都不可能的。她甚至開始懷疑心理治療的幫助，暗暗責備治療師害她白白浪費錢訂了兩本雜誌。無意識裡，她想講的是治療的錢和時間全浪費了。

我想起梅格・潔伊（Meg Jay）的《20世代，你的人生是不是卡住了：你以爲時間還很多，但有些決定不能拖》（*Defining Decade : Why your twenties matter and how to make the most of them now*，就是創意出版），建議她可以去買來看。

她流露出猶豫的眼神，我便接著說：「妳可以去書店先翻翻，覺得値得再花錢。」

我心裡想告訴小艾，過去的榮耀是不可能回去了，因爲她的世界就像潘朶拉的盒子，一旦打開就不能改變，再也回不到過去讓她榮耀的，小小而封閉的狀態。然而，她要坐在原來的世界，等所有的榮耀隨著歲月和年紀而全部流失呢？還是開始拿起槳，慢慢地划？

我想了想，還是告訴她。小艾更是不高興，以爲我責備她不夠努力。

我想告訴她，她會愈划愈上手的；而且，不管往哪一個方向，都可以到達新的陸地，新的榮耀。只是我知道，這一刻的她，還聽不進去這些。我希望她下一次會談的時間依然會來。也許那時她怒氣消散了，正是我可以深入面質詢問這一切的好時機。

生活在不確定的時代裡

這一切原本是十分讓人祝福的人生，可是，慢慢地，一切開始走樣，像一首走調的弦樂協奏曲，漸漸找不到它原來應該有的主旋律。

今天一早十一點，安排了許久沒見的老個案。就像當年一樣，杰森還是十分容易焦躁不安，一開口就結結巴巴的。不同的是，現在的他不再爲自己的焦躁而緊張了。他知道，自己就是不擅長講話，知道自己會結巴，知道自己容易在社交場合焦慮；他知道這就是他。

然而，現在結巴跟當年第一次心理治療時所不同的是，他知道每個人都不同，各有所長，也各有所短。而他就是這模樣，不必去管別人如何看他，不用去在乎這一切。他知道每個人都不可能是完美的；他也知道，每個人也都跟他一樣，有自己引以爲傲的特長。

當年因爲社交焦慮來求助的杰森，這次的臨時約診，是因爲自己的職涯遇上一次不容易決定的抉擇，不知是否該轉換跑道，才又回來找我諮詢的。

汰換的速度比學習還快的專業

杰森智商高、學習勤快，只是向來靦腆。升大學時，沒多想，就隨大家挑選了當時最熱門的科系。待大學畢業，成績不錯，也就跟隨同學依當時行業的熱門程度，挑了相關碩士課程。於是，畢業拿到碩士，他很自然地就加入了某家知名公司，是當時股市最搶手的幾家之一。

沒想到幾年過去了，當年的股王變水餃股；當年炙手可熱的公司，也就變成了經常因資遣員工而上報的公司。

這些年來，臺灣高科技產業洗牌之迅速，超乎人們的想像。當年高科技產業出現時，傳統產業被半諷刺地形容爲「夕陽產業」。沒想到，那些來勢洶洶的高科技產業，黃金壽命根本不到二、三十年。夕陽還沒掉下山，新的朝日卻比流星更迅速就要不見了。

這樣的現象是過去所未見的。

一個行業的消失，通常是經歷了人類社會的重大變遷才發生的。而且，這重大變遷之所以發生，不是要歷經社會變遷的緩慢過程，就是社會發生十分激烈的破壞。

關於行業緩慢變遷的典型例子，在農業社會轉變到工業社會時經常可見。當年，許多行業隨著社會變遷消失了，包括養公豬做精種的牽豬哥人、泅水採珠或逐浪採海帶的海女、牧牛的小孩等等，這都成了懷舊的題材，出現在黃春明或其他鄉土小說家或畫家的筆下。

至於激烈消失的，大多是因爲戰爭或嚴重饑荒等災難，或是生產工具的革命帶來結構性的改變。很多民俗曲藝，因爲該行人數有限，很可能因災難而一起消失，更可能是失去了懂得欣賞的原來群衆。同樣地，建築材料裡磁磚的發明，造成磨石子功夫沒人繼承而失傳；而瓦斯取代煤炭後，做煤球的技術也沒人知道了。

社會學者似乎還來不及討論這些現象，心理學有關生涯規畫的這領域也還沒發展適當的策略，倒是第一線的臨床工作者，透過診療室裡個案敘說的血淋淋人生，反而最早親身遇見而被逼得不得不思考了。

生命中「關鍵的十年」

這一次見面，杰森已經三十二歲了。

他當年二十七歲入行，典型的讀書人生涯：四年大學、三年碩士，再加上一年到兩年的服役。前年在跨入三十歲前一刻結了婚，典型的「三十拉警報」（Age Thirty Deadline）。

這原本是十分讓人祝福的人生，可是，慢慢地，一切開始走樣，像一首走調的弦樂協奏曲，漸漸找不到它原來應該有的主旋律。

他結婚，很快地有了一個小孩，因為太太希望小孩的成長能夠貼近大自然，因此在工作的城市買了一間獨棟住屋。沒想到，隨著行業的變遷，過去可以高達二、三十個月的年終獎金，現在只剩下六個月，而今年將更少；過去十分滋補的股票選擇權，如今也因股價大跌而大為遜色。他開始擔心未來房屋的分期付款、預期安排小孩就讀學校的昂貴學費，還有未來的許多支出。

在會談室裡，我們討論了換公司或轉專業的可能性。可是A選擇的收入只有目前的一半，B選擇的入門門檻還要加把勁。我們也討論了去中國或去美國的可能，但總是有原因阻撓而不可能前進。

會談的時間快到了，問題還是懸宕著。我抬起頭來看看杰森。天呀，三十二歲了！望著這張熟悉的臉龐，其實還看得出當年認識他時，那股高中生的青澀模樣呢。他的生命週期卻已經從離家獨立進入成家累積了。

發展心理學者將一個人的生命，分成不同的階段，像是一個過程。

這樣的生命週期，有很多不同的解讀，也因此可以帶給我們很多不同的感受。

人們的青少年期愈來愈長，而獨立成人變得愈遙遠，社會學者亞奈特（Jeffrey Arnett）在二〇〇〇年提出「成年湧現期」（emerging adulthood）這一新階段。他認爲，基於現代社會對個人的能力要求愈來愈高，進入社會的條件也就愈來愈嚴苛。

前文提到，最近看到一本書《20世代，你的人生是不是卡住了》原文書名意爲「決勝的二十來歲」，卻對這樣的說法提出完全不同的主張。作者梅格・潔伊是一位精神分析取向的心理治療師，目前在美國維吉尼亞州執業。她認爲二十到三十歲這十年，是「關鍵的十年」，三十歲以後的生命則依循這十年的足跡，並沒有太多的改變。更重要的是，她認爲遲遲成熟的生命，反而造成日後在追求自己生命的完成時，會出現時間不夠的情形：在生理上，衰老和不孕將剝奪退休的追求和爲人父母的樂趣；在心理上，將結婚、定居、賺錢、購屋、育兒……都擠壓在三十到五十歲，是極其不可思議的壓力。

同樣的現象，卻有全然不同的看法。

社會學者亞奈特從年幼這一端，望向成年，望向老年；而心理治療師潔伊則是從耳順之年，回過頭來檢視，我們要如何度過年輕歲月才會有美好的一生。

的確，在我自己的經驗裡，也看過潔伊說的情形。

燕南是我一位乍看十分年輕的四十五歲個案。在他決定結束向來被周遭親友視爲花花公子行徑的戀愛生涯，下定決心與現任女友結婚時，心裡最恐慌的是小孩子的成長。

燕南說：「當孩子十二歲可以打籃球時，我已經五十七歲了。當年我爸爸三十歲生我，在離婚以前一直都陪我做各種運動。他帶兒子是如此身手矯健，而我，到時候會不會顯得老態龍鍾？」

身分認同資本可以買到職位或感情生活？

娟娟是我從小看到大的個案，現在都快三十歲了。

這並不是說娟娟從國中二年級就一直找我做心理治療。她是每隔幾年，有了一些重大的決定或難解的議題時，就會重新開案，談個兩、三次。

因爲是從小看到大，不知覺地，我自己的反向移情也就來得特別容易。

一年多以前，在她面對自己茫茫未來的生涯時，又一次陷到最谷底。我熟知她的困擾，也熟知她的天賦，忍不住就介紹她到我朋友的公司，一個頗有前途也很適合她的行業。

沒想到，做不到一個月她就很爲難地表示要辭職了。我幾乎要抓狂了。但還好之前我的督導才和我談起我對她的反向移情（指介紹工作給她一事），才讓我抓緊了自己滿滿的情緒，可以平靜地告訴她說：「沒關係，覺得人生不值得如此操累也是一種選擇。人生，正如妳說的，不一定每一個人都要出人頭地。」她又回到原來抱怨的無聊工作，只是不再抱怨而已。

不巧的是，到了年底，公司老闆決定結束企業裡這個不賺錢的小公司。她又一次，心情盪到谷底：「沒想到，要過一個平凡的生活，都那麼不容易。」

潔伊，這位美國治療師的年齡看起來應該很年輕，但她倒是引用了不少五〇年代美國精神分析盛行的理論，特別是新佛洛伊德學派的她採用了加拿大西安大略大學社會學教授科帖（James E. Cote）對艾瑞克森（E. Erikson）自我認同理論的延伸，而提出來的自我認同資本（identity capital）理論。對艾瑞克森而言，從青少年到青年的階段，是自我認同的形成（identity formation）。科帖則進一步提出自我認同資本的說法，認爲我們隨著年齡所累積的個人技能資源，將是進入成年人世界／學校外的社會的最重要裝備。按潔伊的說法：「身分認同資本像貨幣一樣，我們可以用它買到職位、感情生活等想要的東西。」

所以，對潔伊來說，青少年或青年階段的發展，最重要的不是自我認同是否形成，最重要的是自我認同形成過程中所累積的資本。

杰森雖然好不容易克服社會焦慮而進入某大公司；可是，因爲自我認同資本的不足，雖然有相當的工作資歷了，應付起時代變遷還是十分吃力。

至於娟娟，更不用說了。她的自我認同資本就是不足以面對眼前社會，只好躲在邊緣的縫隙裡。原本盼望從此靜悄悄地平安一生，這樣謙卑的夢，卻還是被浪打散了。

輯四

焦慮的父母，偏差的教養

父母共同的噩夢：孩子如何成功？

不分中外的父母都有著一個共同的假設：孩子進入好的學校，就是未來成功的保證。然而，為什麼進入這些學校就是成功的保證？還有，結果真的如此？

每一年過完新曆年，許多父母都開始緊張起來：要找哪些管道，有哪些動得了的人際關係，可以將小孩送進好的學校。過去是小學和國中，父母們必須早早設籍到好學區，甚至買房子，或找有力人士關說等等。現在十二年國教即將實施，父母在籌畫這一切時，連高中都要考量進來了。

同樣情形也出現在美國。許多上流社會或重視教育的父母，趨之若鶩地將孩子送到最好的學校，不惜任何代價，也導致私校學費節節高升。二〇一一年六月許多報章雜誌都刊出一則消息，紐約布朗區Riverdale這所私立學校將每年中學生的學費提高至美金四萬零五十元。這是美國私立中學學費首次破四萬，也成了轟動一時的消息。五年前，這學校「才」收三萬美金而已。二〇一一年同一時期，紐約時報也報導，在紐約市，菁英級的家教費用是每小時美金八百元。

這樣的指標性新聞指出美國私立中小學供不應求的現象，甚至連最貴的大學都比不上。同一年普林斯頓大學年學費是三萬七千元，哈佛是三萬五千元。

這一切現象反映了什麼？不分中外的父母都有著一個共同的假設：孩子進入好的學校，就是未來成功的保證。然而，兩個問題來了：為什麼進入這些學校就是成功的保證？還有，結果眞的如此嗎？

父母們認為，進入這些昂貴的菁英學校之所以代表未來的成功，是指他們的小孩將可以獲得好的成績，進而擁有好的學歷；其次，是指他們的未來將擁有好的人脈關係，有助於未來發展。最近新北市某一私立雙語學校，大力宣傳他們今年終於出現的第一屆畢業生，有多少比例是申請到多少美國長春藤大學和其他百名大學，就是一個典型例子。

成績優異不代表日後的成功

然而，許多調查卻不斷地打破了這樣的迷思。

在七〇年代，曾經有一個調查追蹤所有哈佛醫學系畢業生的成就。這研究發現歷屆成績傑出的學生，也就是每屆前五名，幾乎都是一般城市醫院的主任或開業醫師。後來成爲美國醫學界重要人物的，跟他在醫學院表現最有關係的因素，反而不是成績，而是在學校時社會參與或社團活躍的程度。

同樣的，二〇一三年美國出版的一本書《孩子如何成功：讓孩子受益一生的新教養方式》（*How Children Succeed: Grit, Curiosity, and the Hidden Power of Character*，遠流出版）作者保羅•塔夫（Paul Touph）卻提出不同的看法。

他拿ＫＩＰＰ這樣隨機抽樣入學的公立學校，和前述的Riverdale這一類的私立中學作比較。

像Riverdale這樣的私立名校，入學是要搶破頭的。除了考試成績，最好還有一堆推薦信函，再加上付得起昂貴學費的証明。這裡學生皆出身富裕家庭，父母多爲白人且皆大學畢業之專業人士。

ＫＩＰＰ是「知識就是力量之升學計畫」（Knowledge Is Power Program）的縮寫，是一九九四年在休士頓一所公立中學開始的，當時只是想要探索：對這樣公立學校的學生來說，有什麼是可能的？

兩位創辦人范博格（Mike Feinberg）和列文（Dave Levin）從常春藤名校畢業

時，美國的教育危機正嚴重，公立中學成爲劣質中學的代稱。他們體認這問題的嚴重性，一畢業就參加「爲美國而教」（Teach for America）這個美國志願教師組織的第三期教師培訓班，然後到波士頓的一所公立學校教書。

他們兩人發展出KIPP的理念，「希望能創造出這樣的教室，可以幫助孩子們發展好的知識、技藝、品格和習慣，好成功地完成日後的大專生涯，爲他們的社區建立更好的明天。」

在休士頓這所公立中學的嘗試後，次年，一九九五年，在紐約和休士頓都有一間KIPP中學。一九九九年，紐約市的八年級學業成就測驗中，KIPP的學生成績高居紐約市布朗區的首位，在紐約市是第五名。對於一所設在貧窮社區，入學是用抽籤而不設任何入學條件的學校而言，這簡直是百分之百的「美國夢」。這新聞立刻登上紐約時報的頭條，電視節目「六十分鐘」也立刻報導，著名服裝連鎖店GAP兩位創辦人多莉絲・費雪和唐納・費雪（Doris & Donald Fisher）因而決定投資數百萬美金，將KIPP的教育理念推展到全美國。到二〇一三年爲止，KIPP已經遍布包括華盛頓特區在內的二十州，共一百二十五間學校，四萬一千個學生。

七項預測成功的能力

ＫＩＰＰ學校，和昂貴私校比起來，有什麼不同的教育成果呢？

ＫＩＰＰ不是萬能的魔術。它的第一屆學生，還是有不少讀不完大學就中輟了。然而，私校畢業生多是平凡的像樣表現，多是醫師、律師這類的專業菁英，而少有傑出不平凡的人物。而ＫＩＰＰ的畢業生雖然不乏凡人，但其成就的範圍卻大多了。ＫＩＰＰ畢業生出了不少風雲人物，從藝術家、政治人物、新科技發明家，到活躍的社會運動領導人物。

爲什麼會這樣呢？《孩子如何成功》作者塔夫指出許多可能性，其中一點也許是父母可以深思的：這些知道永遠有安全網保護自己的私校學生，發現相較於出社會打拚，拿好成績和與老師相處，是容易多了，於是停留在學校而不往前。他們也因此不會去學那些在社會上可以幫助成功的技能。

ＫＩＰＰ一直在修正他們的教育理念和方法。他們修正的方法是以十分科學的方式來進行。二〇〇二年冬天，ＫＩＰＰ第一屆學生將畢業時，ＫＩＰＰ的財務顧問，也就是列文的弟弟，送了一本正向心理學大師賽利格曼（Martin Seligman）的著作《學習樂觀，樂觀學習》（*Learned Optimism*，遠流出版），作爲列文的聖誕禮物。從此，正向心理學的理念影響了KIPP。他們對教育的探索，是和達可渥思（Angela Duckworth）、皮特森（Chris Peterson）和賽利格曼三位正向心理學重要人物的團隊合作。

這些年來，他們一起研究，提出七項可預測孩子未來是否成功的能力，以及如何擁有這七項能力的方法：

熱情（Zest）：以興奮和能量來迎接生命；感到生命力和整個人是啟動的。方法包括：積極參與，展現狂熱，激勵別人。

自我掌控（Self-Control）：對自己的感受和所作所為都加以節制；建立自我紀律。方法包括：社會工作，做好課前準備，集中注意力而抗拒分心，記牢並遵守指示，今日事今日畢，維持人際關係，即使被批評或挑釁也維持心平氣和，讓別人說完話而不打斷，對成人或同儕有禮，隨時注意自己的脾氣。

感恩（Gratitude）：對任何機會和任何發生的好事都加以察覺，並且感激這一切。方法包括：找出別人的好並表示欣賞，對所有的機會都能夠察覺並表示感謝。

好奇心（Curiosity）：對新事物的體驗和學習單純地有興趣，找到讓自己著迷的東西。方法包括：熱中於新事物的探索，透過提問和回答來加深理解，積極地傾聽別人的想法。

樂觀（Optimism）：期待未來最美好的一切，並且努力去取得。方法包括：克服挫折而快快恢復、堅信努力將有益於明日的一切。

毅力（Grit）：有始就有終；不顧一切阻擋來完成任務；持續力和韌力的結合。方法包括：一旦開始一定做完、在失敗後更努力、全然聚焦獨立作業。

社會智商（Social Intelligence）：對他人和自己的動機與感覺是察覺的；有能力對大小團體裡的現象加以推判。方法包括：與別人衝突時有辦法找到解決之道，對別人的感受展現出尊重，知道何時和如何結識別人。

除了這七項能力，賽利格曼等人也幫忙辨識出很多重點，建立很多操作方法，包括品格教育的七種方法等。

父母處心積慮的努力其實是沒用的

七〇年代哈佛醫學系的研究，證明ＩＱ或學業成績對未來成功的影響，遠遠比不上社會能力的重要性。ＫＩＰＰ和Riverdale這兩種教育體系的例子也指出，父母任何盡心盡力的安排都比不上孩子自己的某些能力，例如毅力等。

而我們的父母又是如何呢？

想想我們大學裡那些不斷延畢、不斷修碩、博士的學生，不也是這樣嗎？太認眞的父母，也許該小心自己的努力是耽誤了小孩的未來。

貧富差距帶來的兩種家庭

臺灣家庭的經濟狀況，也許不再是二分為經濟富裕的家庭和經濟不足的家庭兩種，而是經濟條件普遍不足下，仍勉強支撐的家庭和撐不下而放棄的。

撫養孩子變成一個經濟問題，恐怕是過去的人們很難想像的吧。

臺大精神科的門診過去的一位個案，回來找我談話。

皓原是四、五年前，和母親一起來找我做心理諮商的。他們母子因為皓原新結識的女友而發生了衝突。那一陣子的諮商中，皓原慢慢意識到，因為他經濟上仍然對父母十分依賴，母親也樂得藉此操縱他。自己這次認識的女孩子雖然確實條件不如自己，但一來他不自覺地對母親惱怒、與她唱反調，二來沒自信，覺得條件優秀的女孩是自己控制不來的，因此執意要跟這女孩交往。當時的會談，最後是母親沒付最後一次費用就拂袖而去。她雖然沒說出口，卻很清楚地認為，兒子最後雖如她所願地離開了那位女孩，但治療師終究還是背叛了她這位埋單的人，竟然導致兒子搬出家門不再受她掌控。

皓原離開家後，我們仍繼續了一陣子的會談。當然，諮商費用降到對我而言是少見的低，因爲這樣的數目對獨立後的皓原，已經是不算小的一筆開銷了。

皓原這次來，是爲了和他同居一年多的現任女友。原來，兩週前，女友發現自己懷孕了。他們爲了是否墮胎，兩個人陷入十分矛盾的情緒。女友知道皓原還不想結婚，還想在工作上多衝刺兩年；皓原則覺得自己很自私，不但犧牲了女友的幸福，還可能「謀殺」了（這是他的用詞）一個來不及長大的生命。

我問說：到底怎樣才是準備好了，可以結婚生子？

皓原回答說：「我也不知道，但總是要給妻子和孩子一個像樣的環境。」

我們談了一陣子，對話中摻雜很多算術。總之，我告訴皓原，依現在的薪資結構和房屋售價，他所謂「準備好了」的情形是永遠不存在的：「於是有一天，你發現女友年紀大了，再不結婚就對不起人家；有一天，你發現太太年紀大了，再不生小孩就成爲高齡產婦了。」

關於結婚生子這些事，生活在這樣的社會，大概永遠不會有「準備好了」這一回事。然而，我告訴皓原，有趣的是，大部分的人雖然都覺得自己還沒「準備好了」，是被迫結婚的；但這時結婚生子，好像後來也沒有比較不好。

對中產階級的未婚男女來說，結婚生子最大的阻礙，大概就是經濟問題吧。在中產階級的理念裡，對自己的角色是十分有責任感的，原本是這個資本主義社會中的一種美德。只是，當生活愈來愈不容易，這樣的責任感反而成爲現代社會中「晚婚、少子」的原因了。

尤其這些年來，臺灣社會的貧富差距拉大、臺灣經濟開始進入已開發國家的低成長率，再加上生活成本提高，結婚生子更是全因爲這樣的經濟環境給耽擱了。

儘管臺灣官方並不太願意承認這件事，臺灣社會的貧富距離確實是愈來愈大了。官方不承認一件民間皆普遍有感受的事，實在是十分荒謬，簡直就是一個活生生就在我們眼前出現的國王新衣的故事。

貧富差距不斷在拉大

臺灣官方對貧富差距的否認，一般是依據吉尼係數（Gini coefficient，又譯基尼係數）。這是二十世紀初義大利統計學者吉尼（Corrado Gini），根據勞倫茨曲線所定義出來的，判斷收入分配公平程度的指標。吉尼係數是比例數值，在0和1之間。

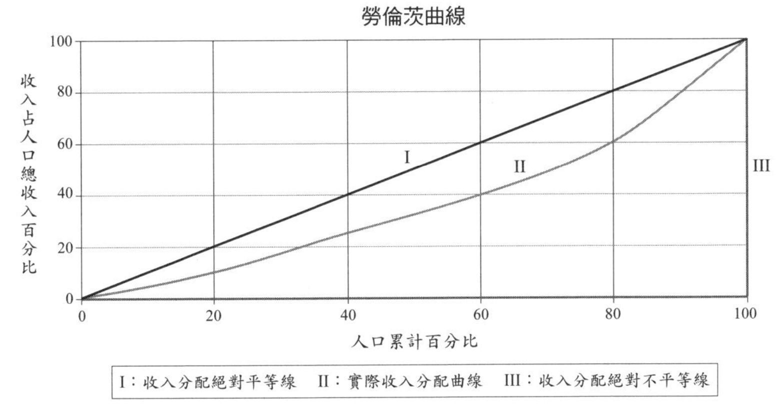

吉尼指數（Gini index）是指吉尼係數乘一百倍作百分比表示。他將實際收入分配曲線和收入分配絕對平等曲線之間的面積爲A，實際收入分配曲線右下方的面積爲B，並以A除以A+B的和表示不平等程度（見上圖）。這個數值被稱爲「吉尼係數」或「勞倫茨係數」。如果A爲零，即吉尼係數爲零，表示收入分配完全平等；如果B爲零則係數爲1，收入分配絕對不平等。

目前全球吉尼係數最高的地方是非洲的納米比亞，亞洲地區中國大陸的吉尼係數超過〇・四。美國吉尼係數達〇・四五。二〇〇一年以後香港達到〇・五二五，二〇〇六年高達〇・五三三，二〇一二年更高達〇・五三七，香港成爲已發展國家中貧富懸殊最嚴重的地區；即使把發展中國家包括在內，香港仍在貧富懸殊最嚴重程度中排第一、排行第二則是新加坡。若論全球排行，香港僅次於薩爾瓦多、哥倫比亞、智利、瓜地馬拉、巴西、南非以及許多非洲國家，排名全球倒數十八位。臺灣於二〇一〇年公布前一年的吉尼係數為〇・三四二，二〇一一年為〇・三四五，日本、南韓、歐洲等先進民主國家的係數亦均低於〇・四。

然而，吉尼係數的計算原本就是充滿爭議的。中國著名經濟學教授厲以寧就曾公開修正這方法。一般批評他的修正是為了有利中國官方，也的確在他的計算方式下，中國的吉尼係數由〇・六左右變成〇・四五左右。

二〇一三年一月中華人民共和國國家統計局一次性地公布了自二〇〇三年以來十年的全國吉尼係數。大陸統計局局長馬建堂表示，按照國際新的統計口徑，大陸居民收入的吉尼係數，二〇〇三年到二〇一二年分別是〇・四七九、〇・四七三、〇・四八五、〇・四八七、〇・四八四、〇・四九一、〇・四九〇、〇・四八一、〇・四七七、〇・四七四；也就是當年二〇一二年為二〇〇五年以來最低水平；而且二〇〇八年起，吉尼係數也在逐年下降。然而，在這之前，西南財大調查數據顯示，中國二〇一二年的吉尼係數為〇・六一。但無論是民間統計的資料還是官方統計的資料，中國的結果都遭到學術界質疑，仍具有爭議性。

秉持同樣的官方心態，臺灣行政院主計處也公布二〇一〇年度吉尼係數爲〇・三四五，認爲「其貧富差距與全球各國相比仍屬合理範圍，而鄰近國家中國大陸、香港、新加坡、泰國吉尼指數皆超過〇・四％，顯示臺灣貧富懸殊的差距是種平均概念。」

媒體也會因此認爲：「在兩岸四地而言，就貧富差距方面，臺灣算是比較理想，較接近均富的目標；國民中最富的二〇％比起最窮的二〇％，在臺灣只多出六倍，香港卻多出二十倍。港澳兩地，無疑是資本主義的極端；同樣奉行資本主義的北歐，反而存有社會主義的理想；有社會主義口號的中國，卻愈來愈多資本主義的流弊。」

從貧富不均到貧窮問題

然而，我們如果納入歷史的觀點，卻可以發現完全不同的看法。

政治大學國家發展研究所王振寰教授在二〇〇三年就指出：「根據行政院主計處所公布的家庭收支調查結果，臺灣的家戶所得與個人所得差距有逐年擴大的趨勢。前二〇％的高所得家庭與最低所得家庭的平均年收入差距，從一九八〇年的四・二一倍，一路拉大到二〇〇一年最高的六・三九倍。……中央研究院朱敬一院士依財政部的綜合所得稅資料統計，若把全國分爲二十等分，金字塔頂端五%的所得，與最底端五%的所得相比，這項差距在一九九八年爲三十二倍，到了二〇〇三年增加到五十一倍，更顯示臺灣貧富不均的情況日益嚴重。」

「比較嚴重的是，高所得者的收入仍逐年增加，但低所得者卻收入下降。以經濟衰退最嚴重的二〇〇一年爲例，最後二〇%的低所得家庭，其平均年收入比二〇〇〇年下降達十・七%，但是在前二〇%的高所得家庭，其平均年收入卻比前一年還上升了二・一%。」

因此，王振寰教授警告：「高低所得組每年產生的儲蓄，差距過於懸殊，窮人更窮，富人更富，已造成未來貧富差距更爲惡化的基因。」

果真，二〇一三年六月，臺灣財政部公佈二〇一一年綜合所得稅資料時顯示，最窮的五%和最富的五%，差距飆至歷史新高的九六・八六倍；比二〇〇五年的五十五倍，短短七年，又多了四十多倍。

在這情況下，家庭有貧富兩極的發展。

經濟的問題不只是貧富的兩極化，還有這些數字背後的通貨膨脹率。對於通貨膨脹率，不同的立場有不同的算法，但通常是指一般物價水準在某一時期內，連續性地以相當的幅度上漲的狀態。在平常的年代，通貨膨脹數字每年看起來並不大。

臺灣政府總是宣稱維持在百分之三左右。

這數字似乎不多，但一．○三的一百次方就是十九．二二，兩百次方是三六九．三三；也就是說現在的物價可能是一百年前的二十倍，是兩百年前的近四百倍。這說法可能要修正，畢竟生產工具的革命、戰爭、或改朝換代，都可能造成物價的負成長或大幅正成長，但加加減減，還是可以當作參考。

一百年前是辛亥革命剛成功而袁世凱正主政，兩百年前則是嘉慶十九年，比起漢唐，甚至宋明，感覺上都是不太久以前。然而，物價卻是可能差這麼多。現在的社會比起過去，個人的生活成本要高上許多。

我們計算自己的財富或收入，往往都是以錢幣的數字來計算。然而，如果我們換一個方式，用可以養活的人口數來取代金錢數字，便可以發覺我們的收入是愈來愈窮困，甚至比羅馬帝國時代的自由人都不如，頂多只是比奴隸好一點。

現在一位大學畢業生的收入，如果他是在臺北生活，吃住皆靠自己，那麼，他的薪水不論是二二K也好，二八K也好，可以養活幾個人？如果節省一點過，恐怕是一．五人左右吧。

然而，過去的儒生如何呢？他們的經濟水平如何呢？過去的經濟狀況，當然沒留下來任何的統計數字，但我們還是可以從日常生活中看出一些端倪。

過去中國的儒家思想要求女性「大門不出，二門不邁」，這話現在看起來雖然是十分男性沙文主義，卻有著它在庶民經濟學上的意義。

一位儒生要奉養父母、自己和一位妻子（假設他沒三妻四妾）、和小孩四、五人。如果他要求妻子「大門不出，二門不邁」，那麼就要一個人接送小孩上下學、買菜等等，一個長工負責砍柴等粗工，還有掃大門和二門之間的落葉的小廝。這樣算起來，一個人至少要養得起十二個人以上，才可以遵守儒家規矩的。然而現在，一位大學畢業生的收入，卻連兩個人都養不起。

從一個人最少養十二個人，到最多只能養兩人，不只是影響了年輕人的結婚和生育子女的意願，也指出臺灣家庭的經濟狀況，也許不再是二分爲經濟富裕的家庭和經濟不足的家庭兩種，而是經濟條件普遍不足下，仍勉強支撐的家庭和撐不住而放棄的。在這樣的經濟壓力下，家庭功能受到影響，家庭中的父母角色也跟著有一定程度的扭曲。

我告訴皓原：「大部分的人雖然都覺得自己還沒『準備好了』，是被迫結婚的；但這時結婚生子，好像後來也沒有比較不好。」這句話其實是相當程度的善意謊言。

家庭兩極化的不同功能

在勉強支撐和支撐不住的這兩種家庭中，中產階級的家庭大部分屬於前者。皓原即將組成的家庭，將會是屬於勉強支撐的。

所謂的勉強支撐，是一種主觀的感覺，不一定符合客觀事實。在別人的眼中，許多中產階級的家庭，物質條件其實不差；但是在當事人的感受裡，總覺得生活是很辛苦、很勉強的，沒有足夠的安全感，於是沒辦法輕鬆過日子，甚至連喘一口氣休息的機會都沒有。他們對家庭的經營，是這麼地戒慎恐懼，以致於很害怕稍一不小心，就失去了一切。

在這樣的家庭裡面，我們看到了一種消極完美的父母。所謂消極完美（passive perfectionism）而不是積極完美（active perfectionism），是指他們害怕自己犯了任何的錯，甚至不允許自己犯任何的錯。他們也許不主動求完美，但卻不允許自己犯任何的錯，這就是消極完美的父母。

然而任何父母都是新手上路，有誰能夠確定自己是準備好了呢？

他們也許很認眞的閱讀各種親子教養的書，很積極的參考養兒育女的資料，也很努力的去參加學者專家們的講座，但始終還是不放心，不確定自己是不是做對了。

於是，他們就變成十分焦慮的父母。

焦慮的父母，將自己的不安全感，投射在小孩子身上，總是覺得小孩子的處境都是永遠都不安全的。這樣的情況下，焦慮的父母，也就變成了過度保護子女的父母了。

過度保護之下的小孩，任何想離開的努力，都是受到父母擔心的。於是，久而久之，他們就放棄了任何離開父母的念頭，放棄對任何新事物的嘗試，也放棄了對自己的信心。他們不相信自己，不相信自己的任何努力，於是就變成了任何主動性都沒有的小孩，也就是父母們口中十分糯性（閩南語的用詞，類似惰性的意思）的小孩。

焦慮的父母對小孩子過度保護，想將孩子所有的活動範圍都框起來，框到他們放心的理想城堡中。於是這個城堡隨著小孩子的長大，開始無限擴大，從一開始的家，一直擴大到學校，甚至到日後他們就業的社會場所。

在這情況下，我們在學校看到很多急著要當家長委員，以便干涉學校來保護自己子女的父母。所謂的直升機父母，或者是怪獸父母，都是在這種情形之下出現的。

在社會上，我們又看到了很多新鮮人，家人擔心他做不來這工作，於是積極介入，造成他被同事們稱爲「媽寶」而加以嘲笑的現象。

我們也看到了一些小孩，他們也許是生命力比較強，在這樣同樣被保護的情況下，卻開始注意到同年紀的同學們跟他不同的成就，例如在人際關係或者其他各種的社會能力上。他們可能開始對父母向來的過度保護感到不耐煩，甚至指責父母的教養誤了他們的人生。這些小孩開始出現激烈的叛逆，可能只是不再聽父母的話，也可能以一種十分暴戾的方式來呈現。基本上，在內心深處，他們對自己是失望的。

孩子的自信，是來自於他們在外界世界的探索，來自於他們克服了外面世界中遇到的困難。這些困難最好不要太大也不要太小。太大的困難不只沒辦法克服，甚至會讓他們受到創傷。然而，太小的困難卻是不痛不癢，一點成就感也沒有。

擔心孩子出狀況的父母，往往會怕孩子面對困難而導致失敗，擔心小孩子就從此受傷而一蹶不振了。因此，他們將孩子們成長路上的所有石塊都搬走，避免孩子跌倒。他們以爲這是保護孩子，卻不曉得這其實是剝奪了孩子成長的所有機會。失去成長機會的孩子，不是變得十分消極被動的糯性或惰性，就是不得不激烈反叛。

在功能不足的家庭中長大的小孩

然而支撐不下去的家庭呢？

在這樣的家庭當中，有許多小孩在還需要父母陪在旁邊的階段，就被迫要一個人面對外在世界了。

小孩子不是生下來就天生地成熟了。小孩子是依附著大人，在大人提供的安全基地慢慢成長，然後才緩緩順著他們的安全感往外活動。當離開的距離愈來愈遠，才有所謂的獨立。這也就是心理學家所稱的依附或依戀原則（attachment theory）。

對於那些太早就失去依附的小孩，這樣的遭遇意味著他們並沒有足夠的被照顧的經驗。他們可能一輩子都在尋求這種感受，也就是「愛」的感受。為了彌補這個不足，他們甚至不惜以自己的身體去交換愛的感覺。

還有另外一種人，這樣提早分離的經驗，其實更是一種被拋棄的經驗。被拋棄的感覺是十分痛苦的。對他們來說，為了避免這種痛苦的感覺再次發生，他們也就不敢信任任何人。於是，這輩子永遠都是孤獨的，也不敢有任何的親密關係。

同樣的，在這情況下長大的小孩，有一些則是日後被視為反社會行為的人，例如犯法之徒。他們之所以這樣，也是因為不會被愛過；不曾被同理過，就沒有同理別人的能力。沒有同理別人的能力，當然也就沒法感受到別人的痛苦。於是，雖然他們對待世界的方式，就像這世界對待他們的方式；但在別人眼中，他們的行為是十分殘忍的。

支撐不下去的家庭，往往淪爲破碎的家庭。這樣環境下長大的小孩，可能出現很多總是在追求愛的行爲，也可能是殘忍不堪的反社會行爲者，更可能是孤獨度過一生的人。不論如何，當他們成長的過程中沒有被愛的經驗，也往往就因此失去愛的能力。他們失去愛的能力，也就很難去愛他們的下一代。於是，這種被拋棄以及被剝奪愛的創傷，將一代又一代地傳下去，這世界也就出現愈來愈多的愛無能的人。

大人的行為是最有影響力的教養

我總是無法忘記那一群議論著大人行為的小孩子。他們也許生氣大人的現實和勢利，更多可能是接受「有錢是很重要的事」這看法。

國小五年級的姊姊說：「去吳哥窟好了，可以參觀到世界遺產，又有很多資料可以查。」三年級的弟弟說：「不要東南亞，太近了，人家會以爲我們家沒錢。」然後轉過頭來問我：「叔叔，歐洲是不是也有世界遺產？」

家裡有錢就會被老師選上得第一？

這是前兩天到好友家裡吃晚飯，和他們家的小朋友不經意的一場對話。原來，朋友要他的兩個小孩自己計畫自己的暑假旅遊。向來在乎成績的姊姊，立刻想到暑假報告的分數，提議一定要去世界文化遺產的所在地，因爲班上同學們都知道老師喜歡同學多談談文化歷史的事。而單純許多的弟弟，過去不清楚這些遊戲規則，以往只是天眞地跟著姊姊，這次倒也有自己的主張了。

我忍不住問說：「爲什麼要別人覺得家裡有錢？」

姊姊回答了：「如果你家裡有錢，老師就會選你代表學校去參加比賽，會讓你得第一名。」

朋友的太太立刻插嘴，有點尷尬地說：「都是十二年國教惹的禍啦。」

兩個小朋友在臺北東區一家頗負盛名的私立小學就讀。那一天下課回來，姊弟一起回到家，繼續著路上他們的話題。姊姊一副小大人的口吻，教訓弟弟說：「你不要太天眞，以爲學校老師都是好人，他們也是會看你們家有沒有錢的。」楞楞的弟弟，有點懂又不太懂的聽著。

媽媽有點訝異，仔細問了姊姊，才知道是指學校演講比賽一事。但小孩說的也不算很清楚，著急的媽媽立刻打電話去詢問班上其他擔任家長委員的媽媽，才將整件事的來龍去脈理出頭緒來。

演講比賽是每班派一位代表參加，全年級的同學都會去聆聽觀賽。去年這樣的情形就發生了。表現最好的那位同學，或者說，同學們反應最熱烈的那位，竟然只得到第二名；第一名則是家長會長的女兒。去年大家也不以爲意，畢竟第一名表現也不差，何況他們家又捐給學校那麼多錢。

今年比賽，有一位同學表現特別好，妙語如珠，同學笑聲不斷，最後是全場報以熱烈的掌聲。至於上次冠軍的那位，反而表現不佳，同學的反應也是不怎麼樣。沒想到，比賽完名次一公布，家長會長的女兒，表現不佳的這位，又是第一名。評審老師還特別解釋，說她的講辭頗富深意之類的。而第二名，是某位活躍的家長委員的小孩；第三名則是學校某老師的小孩。至於那位表現最好的，至少是同學們掌聲最多也是印象最深刻的，只得到第四名。

這成績一出來，所有的小朋友自然開始竊竊私語，大家開始描繪第一名同學她家是如何有錢，祖父是如何的高官，而且「她還可以指定誰當她的導師呢。」

朋友的母親笑著說，這只是為人父母太焦慮了，總是要給自己小孩最好的。不過，她也擔心地說，沒想到十二年國教再次宣告實施，大家都開始注意自己小孩每一次活動的名次，幾乎要到「八仙過海，各顯神通」的地步。朋友的太太反而轉移了話題，問起我上次提及的特色教學的公館小學。她問，如果將小孩轉過去，表現自然傑出，會不會對他們以後申請學校較為有利？

大人的言談舉止是活生生的身教

我卻一下子不知怎麼回答。一方面我是聽得有點心不在焉，內心被其他事物盤踞了。我總是無法忘記那一群議論著大人行為的小孩子。他們也許生氣大人的現實和勢利，更多可能是接受「有錢是很重要的事」這看法。另一方面，我突然發現朋友的太太也不自覺地變成「為了升學各展神通的家長」，將特色教學的學校視為終南捷徑了。

然而最讓我困惑和氣悶的是這個私立學校，這個讓弟弟不再天真的學校。我不曉得，這個同時宣稱自己在進行品德教育的小學，究竟知不知道這個事件對品德帶來的負面效應，恐怕是十倍的努力都沒法彌補回來的了。

這就是我們大人的教育方式：因為不夠成熟，對品德只是說說，從來也沒有真正的信仰；所有不自覺的虛偽，也就成為自己小孩未來人生裡，做人做事最主要的依據。

大人的行為，對小孩子的成長是最具影響力的來源。

曾經來過臺灣的日本榮格分析師、也是臨床心理學教授的樋口和彥先生，他就曾分享過這樣的一個經驗。

還在京都大學任教時的樋口和彥教授，曾經在關西地區負責推廣學童的閱讀習慣。當時日本各界普遍憂慮下一代的閱讀習慣愈來愈薄弱，於是各種如何引導小孩閱讀的努力都出現了。

樋口教授在京都的小學進行了一項實驗。他要求老師和學童都帶他們自己愛讀的課外書籍，在早上晨讀的時間，利用十五分鐘左右的時間讀自己帶來的課外書籍。這項實驗發現，老師如果也能夠津津有味地看他的課外書，班上的孩童們也就會喜歡看書。

而且，重點不是看什麼書。比方說，有的老師看的是《源氏物語》這樣的文學名著，但他卻是心不在焉的，只是應付應付地看看，他班上的小孩，自然也就不是那麼用心看書。然而，有的老師看的雖然是賭馬經這類的書，但他實在看得太津津有味了，小孩也都變得愛看書了。

孩子往往比我們想像的，還更清楚大人們在做什麼。大人們往往以為自己已經很巧妙地掩飾，不讓小孩知道真正的狀況，但小孩其實都清楚感受到了。我們如果自己不喜歡，又怎麼要求小孩子去做呢？我們自己都不相信了，小孩子怎麼會相信我們所說的這些自己也不相信的事呢？

這些年來臺灣各界呼籲要加強下一代的品德教育。然而，如果我們自己都不相信品德了，不相信品德對我們生活的重要，我們又如何去要求下一代過一個有品德的生活呢？

別再說「我是為你好」

人們以為自己是寵愛自己的狗或貓的，以為這樣的用心就可以瞭解動物的世界，卻造成了牠們的憂鬱症。

一位國外來的分析師來臺北舉辦工作坊，當天傍晚我們帶她在捷運忠孝復興站的百貨公司用餐。

餐廳在大樓的頂層。我們用完餐想帶她走走，於是順著手扶梯走下，立刻看到一間小小的服裝店。有朋友較熟稔這裡的一切，便問安琪拉——這位分析師——有沒有興趣看看，甚至買幾件。安琪拉立刻表明沒這麼小的孩子，也沒孫子。我們都忍不住笑了，要她再看看。剛巧，有一對伴侶抱著他們的小小貴賓犬走出來，她才發現這衣服是專門賣給寵物犬的，自己也忍不住大笑起來。

主人的寵愛變成狗狗的憂鬱

安琪拉是蘇格蘭出生的愛爾蘭人，後來定居在義大利，是典型的歐洲人。對她而言，將狗依人的模樣來打扮，實在是太不可思議了。我自己也聽過不只一次，幫狗大肆剪毛美容，原本要將牠依主人心中的「可愛」模樣來打扮，卻造成狗本身嚴重憂鬱的後果。同行的一位朋友也分享他所知道的一家人所養的狗，因爲冬天到了，主人怕牠冷而刻意幫牠買衣服。沒想到，被迫穿上衣服的狗狗，連最愛的散步都不去了。這朋友說：「這狗一定是覺得很丟臉，怕見到自己的同伴給嘲笑。牠們覺得穿衣服很窘，大概就像我們通常覺得裸體上街很丟臉一樣。」

然而，大部分的寵物主人，因爲「愛」的緣故，像強迫人們裸身上街一樣地強迫他們的愛犬穿衣服上街。

將動物打扮成人們所想像的模樣，這樣的行爲可以用兩個英文字來形容。

生態主義者或動物權利促進者常常會提到humanocentrism或anthropocentrism，亦即人類中心主義，是指人們用人的思考方式，想當然耳地來詮釋動物行爲背後的意義或自然現象背後的邏輯。人類中心主義是環境倫理或環境哲學領域中十分重要的觀念，認爲人類就是因爲抱持這樣的理念來與自然互動，才會產生目前看到的一切問題。

另一個字，anthropomorphism，有一個我們較熟悉的譯法：擬人化。就像我們從小許多耳熟能詳的歌，譬如「西風的話」，在歌詞裡西風變成了像人一樣有語言能力和人際技巧，可以探望老朋友，可以給予叮嚀。在心理學上，自己也會將自己或他人（皆是人），變成另一個不是自己的人。心理學家霍伯（E. Hopper）則指出擬人化是受創傷的人們，因為內在力量的受損所造成的不足，因此急著尋求一種可以被他人接受的社會角色，來做為自己的面具。奚明頓（Neil Symington）同樣也指出自戀性格者如何披上他人的斗篷，成為他的假我（false self），來遮掩他內在的空洞。

心理世界的殖民主義

當人們將動物或大自然用自己的邏輯來思考時，這不只是在心理層面的投射（projection），用自己的想法來判斷別人；甚至是一種投射認同（projective identification），一種極不成熟的人格常有的心理機制，透過投射，將對方變成自己（潛意識裡）要的模樣。

將自己的意識型態加諸在他人的身上，進而要求／認定／想當然耳地覺得對方就是要這樣才是好。這樣的行爲，在過去的人類歷史屢見不鮮，在現在的社會還是尋常可見。

在過去的歷史，十四世紀以後西方對其他世界的殖民主義，除了槍炮帶來的赤裸武力，還有以善意爲名的傳教行爲。那些追隨使徒聖保羅精神，隻身前往異教徒世界的精神，絕大多數都是百分之一百眞誠的。然而，再怎麼眞誠的行爲，都無法否認：當他們宣揚自己的神、自己的眞理時，即使他們沒說這才是（比較）正確的路，也間接暗示（在還沒有任何瞭解以前）在地人的神和眞理是較不足／不進化／不文明的；當他們推行自己的醫療時，即使他們沒說這才是（比較）正確的方法，也間接暗示（在還沒有任何瞭解以前）在地人的醫療是較不足／不進化／不文明的。

在現在的社會，我們也隨時看到這樣的例子。人們養寵物是一個典型的例子；而人們養育子女時，又如何證明不會有同樣的問題呢？

人們以爲自己是寵愛自己的狗或貓的，以爲這樣的用心就可以瞭解動物的世界，卻還是造成了牠們的憂鬱症。人們對自己子女的教養更是如此，特別是他們覺得自己當過小孩（其實隨著成長，早已忘了小時候的事，更何況在稚齡時的認知是完全非語言的，與現在的生活完全不相容），覺得自己爲小孩犧牲很多（然而付出更多也就更疲憊，有更多不自覺的情緒，即使沒讓心情糟透了，也足以影響到成人的判斷和反應），也就更沒有機會察覺自己的人類中心主義。

梁呂的父母來到我的心理治療門診原本是要商量小孩拒絕上學的事，後來卻更像夫妻治療。

父親雖然拙於言談，卻是十分敏銳的。母親乍看是尋常的家庭主婦，其實在社會公益活動上也是十分投入而有成就。

這是母親的第二次婚姻，第一次才一年多就有外遇和家暴的問題，因而離婚了。母親說，她從小看她父親打媽媽，對這行爲非常痛恨，甚至在高中時還找過輔導老師會談。因爲夠敏感，自己的婚姻一出事，立刻求助專業機構且決定離婚。而這也是她在小孩上學後就參與社會公益活動的原因。

「可是我們在這裡談有啥用？小寶他就是不來。」小寶是梁呂在家裡的暱稱。母親要迴避我進一步的問話，又將話題轉回來。

安靜許久的爸爸說了：「可是，如果妳不要催他，出門前一晚就開始不斷叮嚀，一直念個不停，說不定他就不會因爲反感而不來了。」

「我哪裡有嘮嘮叨叨地念，我講話一向都輕聲細語的，唯恐你們父子不高興。」

「妳講話是溫柔的，但終究還是叮嚀個不停呀。」

利他也是一種侵略

這時我開口了：「所以爸爸，你要不要再多講，溫柔和嘮叨？」

「我老婆眞的沒話說，把我們都照顧得挺好的。只是她像公司秘書一樣，把我們所有的行程記得比我們自己還牢。只是有時在著急重要的事，她卻一味地提醒別的事。那天，我忍不住回嘴說：妳老是把我當小孩。我才想到說不定梁呂也同樣不喜歡這種照顧！」

媽媽挫折極了，忍不住哭了。

好一會兒，她才說：「從小我爸媽老是在吵架，我只好自己一個人照顧自己，什麼事都自己來。我好羨慕同學都有媽媽幫忙準備好制服手帕什麼的，自己也就立志一定要做個像樣的媽媽，還有，像樣的太太。」

「你覺得太太做得怎樣？」我一問先生，看到他自責的表情就後悔了，連忙補充說：「她一定很好，你才不在乎家人對她離過婚而反對，堅持娶她的？」

先生立刻接腔說：「是呀，她眞的很好。我甚至覺得我媽媽都沒有她好。可是，她實在太好了。我高中時都會嫌我媽媽囉唆，梁呂一定也會有這感覺的。」

那一時談了很多，特別是跟梁呂有關的。可是我在結束時，特別又提到這段占不到十分之一內容的對話，說：「也許我們都只看到事情的一邊：自己覺得好的就拚命去做。」

法國精神分析大師拉岡（Jacques Lacan, 1901-81）曾說過：「為別人好是一種攻擊性行為（Altruism is aggressivity）」他的意思是說，當我們看到一位衣衫襤褸的流浪漢，帶他回家梳洗換裝，給他我們的食物，是在做一件好事。可是，在做好事的同時，也在告訴對方：這樣的穿著不對，那樣的飲食不對。我們沒去想想，說不定這樣生活有某一程度的比例是樂趣，就已經將我們（中產階級）的價值觀，強加諸在他身上。

另一位精神分析大師科赫特（Heinz Kohut, 1913-81）則認為，每一個人內心都有自己的自戀核心，只不過是較原初還是較成熟罷了。他在《自體的分析》（1971）表示：「原初的自戀……構成必要且健康的步階」：如果早期的自戀需要有被適當地滿足，個體將朝向一個「正向自尊和自信的成熟形式」發展。反之，太過或太不及的滿足（這是大部分成長都會出現的），才帶來成長以後要不斷努力才能夠成熟的自戀。

很多年以前，就有人注意到臺灣養寵物的風氣愈來愈盛。這背後除了經濟發達等因素之外，我們也應該會注意到另一原因：在這同時，臺灣的結婚率在下降，生育子女的數目也在減少。寵物於是成爲現代人的替代性子女，也就是所謂的狗兒子或貓女兒的。

當我們對待寵物都會出現所謂的人類（個人自我）中心主義，將動物的世界想像成人類世界，這樣的行爲，對動物權益保護者而言等同於動物虐待；那麼，我們又怎能確信自己的行爲對子女是好的——即便是我們意識裡自認爲最好的？更何況，我們更多的影響是出現在潛意識層面，而不自知。

面對教養，只有謙卑自己，不斷質疑自我、反省自我而已。

輯五

父母要像一座山，自在地存在著

不成熟的父母

自我耽溺的父母活在以自己為中心的世界裡，將小孩視為自己的延伸物，而忽略了小孩的主體性。他們其實是將父母角色當作一種演出，而孩子的好表現則是自己可以炫耀的裝飾品。

和耀華的聊天，是在學園的樓梯間偶然發生的。

耀華才七歲，還是小學低年級，因此中午過後就放學了，開始來學園固定活動。這是個位處新竹市住宅區的學園，是一個科技公司的員工所成立的漢慈基金會支持的。他們一開始開辦時，只是想照顧附近弱勢家庭的小孩。

新竹市隨著新竹科學園區興起以後，就像全世界所有新興城市一樣，除了專業人員移居進來，附近廣大鄉村的貧窮人口也同時爲了更好的工作機會湧進來了。他們也許聚在城市的外緣，也許在城中沒落的舊區。這些新貧人口，既然是願意遠離家園而求更好的經濟，其中大部分的人也都是勤勞的。因此，在有工作就拚命做的情況下，爲了經濟在打拚的父母，往往會無法兼顧到下課的孩子。這也就是漢慈開始的目的。

前來這裡的學生是由附近學校所推薦，主要是家庭有所困難，下課以後沒有人力提供應有的照顧，又沒有經濟能力到安親班。漢慈原本只是想提供十分單純的課後照護，後來，隨著工作的開展，發覺大部分的小孩都有價值觀的問題，甚至是身心問題。

有些小孩學習動機奇差無比，到三、四年級了還寫不好一個句子。如果有機會仔細和他們聊天，就會清楚發覺，他們根本不知道爲什麼要上學，更不知道爲什麼要讀眼前的這些書、聽教室裡諄諄教學的這些課。

他們對外面世界的理解，不像一般的小孩；他們對未來的理解，也不像同班其他的小孩。

一般的小孩，不管資質優越或駑鈍，不管成績是好是壞，他們對未來總有一些基本的認知，再加上許多朦朧的想像，在教室裡也就理所當然地會想要讀書，想要在競爭中勝過別人。沒有人對他們耳提面命，說這一切對未來是如何重要；但他們自然就會努力，想要透過這些活動，朝向迎接他們未來的外在世界。

然而，這些因家庭資源弱勢而學習不足的小孩卻是不同的。他們不知有未來，或者說，不知道每一個人的未來將會因爲彼此的資質、條件，特別是自己的努力，而有所不同。經常，他們父母的成長過程中也沒有這樣的認知。他們父母不知道自己可以努力，不知道自己的未來將會因爲努力而完全不同。過去，他們自己的人生是如此進行中的。未來，他們的小孩也將如此，繼續複製——也就是代間影響（intergenerational influence）。這樣受限的人生視野，自然而然，伴隨而來的將是一代又一代的貧窮。

重建瀕臨崩潰的家庭

這個學園原來只是要做孩童的課後安置。參與之後，他們爲了要徹底地解決這些問題，不知不覺開始往問題的源頭挖，對父母提供親職教育這一類的活動。不久之後，他們發現這樣還不夠，便開始介入家庭，並進行家庭評估和輔導。

這樣的觀念幾乎就是破碎家庭的重建工程了。

這讓我想起新北市還是臺北縣時，臺大社工系林萬億教授被借調爲副縣長期間，曾經推出「高風險家庭」的工作計畫。

臺北縣環繞臺北市，有比新竹市更龐大的新貧問題。所謂高風險家庭，是指還沒成為社會福利所救濟的貧民戶，但愈來愈有危險淪為貧民戶的家庭。

這個計畫立意甚佳。然而，待該計畫的社工人員介入後，才發現幾乎每一個家庭都是燙手山芋，一環又一環的困難相互糾纏著：貧窮、失業、學習不佳、親職不足是基本的，更嚴重的有酗酒、肢體虐待、賭博等，再更嚴重一點是吸毒、家暴，甚至是亂倫。這裡列出來的每一個問題都是高難度的挑戰，更何況每一家庭都有三、五個困難。於是，就我所知，第一年執行就很困難，後來隨著林教授的離職更是無以為繼了。

而漢慈這個學園卻持續向前邁進，已經是第五個年頭了。從當初安親班的小小心願，到後來竟然做起高風險家庭的重建工作。而一個私人公司的員工，上上下下，願意長期支持這樣一個意義雖然深遠卻不容易理解的工作，更是了不起。

我去參訪的那個階段，學園裡的社工正為每一個學生建立「個別家庭服務計畫」（IFSP，Individual Family Service Program）。他們一方面建立一個暫時的替代家園，而不只是安親照顧（很多孩子甚至晚上八、九點父母來接了，還不肯回家）；另一方面他們不知不覺開始重建起這些瀕臨崩潰的家庭。

未能盡到自己責任的父母親

父母親角色的功能或責任，原本就是望文生義可想而知的，是要稱職地照顧、養育和教育他們的下一代。然而，並不是所有的父母都盡到自己的責任。

未能盡到責任的父母，又可以分成兩大類。

一種是經濟壓力的緣故，因爲忙於五斗米生計，而忽略了小孩。

另一種則是可能父母自身性格不成熟造成的，或其他原因（酗酒、重度憂鬱、各種原因造成的自閉狀態）所造成的自我耽溺（self-absorbed）。

自我耽溺的父母活在以自己爲中心的世界裡，將小孩視爲自己的延伸物，而忽略了小孩的主體性。他們可能根本沒看到小孩；他們也可能好像很愛小孩，其實是將父母角色當作一種演出，而孩子的好表現則是自己可以炫耀的裝飾品。

以父母的自我耽溺程度來評估父母的成熟與否，這樣的觀念是由美國維吉尼亞州 Old Dominion 大學諮商系教授妮娜・布朗（Nina Brown）所提出來的。在她之前已有很多學者提出自戀父母（narcissistic parents）的描述。自戀這名詞往往會引起很多誤會，反而在日常生活的實際經驗中，無法看到這一切現象。妮娜・布朗教授提出的「自我耽溺」，其實也不一定一目了然，但至少沒有「自戀」一詞本身多重意義所帶來的困擾。

妮娜・布朗認爲，自我耽溺者所養育的子女，常常會有以下的感覺：

- 自己是父母的延伸。
- 即使長大了還是被父母掌控著。
- 永遠要符合父母的期待，即使已經是成年人，已有自我期待了。
- 應該要能預知父母的需要和欲求，而且很勤快地去完成這一切。
- 對父母是永遠讚賞有加，而且是用心讚賞的。
- 爲了照顧父母，應該犧牲自己的生活和福利。
- 對父母充滿同理心，但不可期待他們會同理你。
- 自己不能犯任何的錯或判斷不當，因爲這將破壞父母的形象。
- 只要父母要求，立刻拋下手邊的任何事情。
- 永遠不能獨立或自主的行動。

這一切的感覺都是父母所帶來的。父母的自戀或自我耽溺，使得他們永遠看不到別人的主體性，包括自己子女的自我。而子女在這樣的環境長大，不知不覺也發展出了上述的這些特色。他們的主體性是被剝奪到這麼徹底的程度，以致於他們也以爲是他們自己放棄了自己的主體性。

在過去的儒家文化中，這些特色可能是被誇讚的美德。想想看，我們的電視連續劇裡面的角色，包括多年前風靡一時的「星星知我心」、日本連續劇「阿信」或是現在電視上很多的家庭劇，不也都是誇讚這樣的性格特色？

然而，這樣的誇讚是出於以父母爲中心的家庭觀點。站在父母以外其他成員的立場來看，這樣的狀態其實是連最基本的自我都不允許存在，更何況是個人的自我成長。

不成熟的（包括心智狀況有問題的）父母，甚至可能剝奪了孩子最基本的成長。我們在新竹的漢慈基金會遇到的耀華，就是這樣情形下的極端例子。

許多孩子在封閉的狀態中成長

耀華是一個很老氣的名字，充滿著六、七○年代還是兩蔣崇拜、強調忠黨愛國的時代氣氛。我猜這應是爺爺取的，老兵爺爺，跟著老蔣來臺的。可惜，我沒有太多可以查詢的資料。

耀華站在往二樓的樓梯，靠著扶手，頭稍朝下和站在一樓的我講話。可能因爲散光還在矯正而戴著厚厚眼鏡的他，原本就十分逗趣活潑；再因這樣的位置，他站得比我高一點，不覺得我有大人的威脅性，更是暢快地談起來了。

剛剛聽完介紹後，工作人員提到小孩的許多身心問題，包括精神疾病，同時示意身爲精神科醫師的我，注意一下一個人不跟同儕玩在一起，反而糾纏著我們這些大人的耀華。工作人員表示，耀華會自言自語，講一些無厘頭的話，跟同儕不知如何互動等等。

因此，當耀華在樓梯間玩耍時，我便不著痕跡地和他聊起來。

他的語言是差一點。當我問他家裡有幾個人時，他會說：「爸爸、媽媽，和『一個』我。」他的母語是閩南語，國語還不太熟練，這在新竹市小學二年級生而言是少見的。談到一半他問我：「Sa-Lau是不是三樓？還是Si-Lau（才是）？」更驚人的是，他的想像力特別豐富。我問他叫啥名字，他回答我以後立刻說：「不過，以後快改武狀元了——因爲能文能武。」然後對我比出蜘蛛人爬牆的姿勢，作勢要攀牆。

雖然他耐不住五分鐘，一溜煙就上樓去了，我已經約略可以初步判別了。

他沒有自閉症相關的問題，因爲交談時眼神的互動，加上更早以前糾纏我們大人時是急急仰望我們的臉；他也沒有智能不足，從想像力的豐富內容就可以知道。

恐怕，他只是社會文化刺激太少，包括被父母忽略或孤立，再加上家裡就只有他一個人。就一個小孩而言，這不足不是普通的不足；這樣嚴重的程度，包括他的語言表達能力（字彙很夠，但句子有問題），包括他豐富的幻想，可能都是因爲他長期處在沒人互動的封閉狀態。這也表示了：他的照顧者很少跟他互動，對外界也基於某些原因（內向、疑心或妄想引起的焦慮）而不願也不准小孩和外界接觸。

這情形就像一九九四年，好萊塢的一部電影「大地的女兒」（Nell）當中，年輕的茱蒂•佛斯特所演的角色，因爲中風的母親功能不足而造成她野人一般的成長狀態，甚至媽媽扭曲的世界觀也成爲女兒以爲的世界現實。母親因爲某些狀況，也許是疾病，也許是心理不成熟，成爲耽溺在自己世界的人。對小孩的影響，自然是相當深遠。

我跟工作人員說，不用擔心，來到這裡，社會文化刺激夠了，很快就會追上。我們可以看看，再過幾個月，他的進步會很快，情緒的問題（耀華經常拿鉛筆戳自己的左前臂）也就會改善。

聽我這樣的說明，一位較熟悉他情況的工作人員便表示：「對、對，耀華的母親就是那個樣子。每次跟她說小孩的事，她便說是神明附身。」

自我耽溺的父母

我其實很想知道耀華母親是怎樣的一個人。只是，我們不宜久留，否則會影響學園裡孩子正常作息的養成。他們待會兒還要念書、吃飯，一切都很自律，包括一起動手整理餐廳和廚房，將碗筷洗好放好。我聽著工作人員如此有成就感的描述，不必親自看到，自然可以確定這部分是做得如何了不起。

然而像耀華這樣，他的母親是怎麼了？而他的父親又是怎樣一個人？是因為貧窮而工作時間長，自然沒能力陪伴，還是有其他問題？耀華的名字讓我想起老兵：是他媽媽的爸爸，還是他爸爸的爸爸，是老兵？時間算起來，老兵出身的應該不是耀華的爸爸，畢竟平均年齡是不可能了。

一九四九年，國民黨政府撤退來臺，一群年輕力壯的小夥子，離家背井，單身來到臺灣，也許是在軍隊裡，也許是在公家機關任職。後來，特別是六○年代以後，原本蔣介石要帶大家反攻回大陸故鄉的承諾愈來愈不可能以後，這些邁入中年的老兵也陸陸續續地結婚成家了。在這一群人中，社經地位最高的，是和同樣撤退來臺的女子（通常是同一省籍的）結婚；其次，和臺北本省籍女子（像小說家朱西甯和翻譯家劉慕沙的婚姻；而客家又比閩南多一點）；等而下之的，結婚對象除了原住民女子（經常是半嫁半販賣的），便是有重度精神疾病的女子了。

一九九一年，我曾一度到花蓮工作。那時，外籍新娘還沒合法，老兵已經逐漸凋零了。我在花蓮偏僻的農村作巡迴醫療時，才發現許多患有精神疾病的女子，在沒有夠年輕的老兵願意嫁娶之後，原來是被嫁到東部鄉村來。當時農業已經破產，卻還有許多因爲個性內向木訥而繼續留在村子裡的年輕人，而一般的女子擺明是不願嫁給他們的。

耀華的母親不一定有精神病，但她的性格有著或多或少的疏離，也許果眞是有一位罹患重度精神疾病的母親所傳下來的基因，難免受到影響。在這樣的情況下，父母沒法提供給孩子最基本量的關心和照顧，往往是因爲他們在生活上整個人是處於自我耽溺的狀態。

這樣的自我耽溺，可能是精神病或重度憂鬱等精神疾病所造成的，也可能是酗酒或藥物成癮所造成的；然而，大部分的自我耽溺，還是父母自戀的性格、或者是不成熟的個性所造成的。

父母親的自戀性格

我一位朋友就經常提起她父親的成長故事。

她父親是一位對金錢匱乏有極端恐懼，同時，對弟、妹和自己小孩吝於照顧和關心的人。

她的祖父母在還沒撤退來臺之前，千金小姐出身的祖母過著相當優渥的生活，「兩隻腳可以不用踩在地上的」。她祖母從小到大幾乎只要使一個神色，連開口都不必，奶媽或丫環就知道她需要啥。

後來結婚了，大陸的國民政府也開始撤退到大後方。她祖母雖然也一路跟著祖父撤退，卻依然喜歡看街上的大戲、逛市街。而看戲也好，逛街也好，往往玩得太投入（自我耽溺）而忘了自己是帶兒子一起出門的。於是，經常在回家許久以後，才發現兒子不見了。

我好朋友的父親，他的童年便是在這樣一次又一次被母親遺忘而處在迷路回不了家的狀態，再加上當時的撤退過程，在每一城市才稍稍安頓又立刻拔離，也就有一輩子都無法克服的恐懼。

這樣的自我耽溺，也就一代又一代地傳下來，不一定需要基因，不一定有任何學習，而且這樣耽溺的面貌也不一定相同。總之，沒被愛過的小孩不懂得如何去愛，往往過或不及。於是，代代相傳，再加上傳統社群或社區關係的瓦解，我們社會也就有愈來愈多的自我耽溺／自戀／不成熟的父母了。

佳惠是年輕的媽媽，兒子才六個月。她說起自己的父母親最近上臺北探望寶貝外孫，她告訴我許多她的觀察，關於父母和她兒子的。

這一次家人一起出門，到花蓮旅遊。整整五天的相處，是孩子出生以來未曾有過的。

她說起媽媽，對自己第一個外孫從沒有主動的興趣；只有在路人主動說寶寶好可愛，想一起拍照之類的時候，她才急急抱起孫子，擺出一副慈祥的姿態。至於爸爸，他是會和小孩好好地玩，只是他的互動方式有一股說不出的彆扭。我問說：「是不是像在跟大人講話？」她才恍然大悟，點頭如搗蒜地表示就是那樣。

她說這一趟旅程終於讓自己明白，為什麼在她的成長過程裡，自己始終沒有一般人童年的經驗；在記憶裡，總覺得自己從一開始就像個小大人，天生就十分地沉著穩重。她說，看著自己的父母帶她的小孩時，那副既笨手笨腳又是全然不懂童言童語的模樣，就明白自己過著怎樣的童年了。

她母親出生在南方的官宦世家，即便隨著蔣介石政府撤退來台，生活還是優渥十足。據說，母親小時候，每一個兄弟姊妹都有自己專屬的奶媽。而父親是典型讀書人，雖然繼承家業而走入商場，但一輩子都還是維持看書做學問的習慣，迄今還是塗塗寫寫的。

佳惠是因爲結婚前一場嚴重的憂鬱而來到門診。當時她留學回來在大學裡教書，是表現十分傑出的年輕學者。然而，隨著婚期的逼近，她卻愈來愈察覺自己沒有柔軟的能力。用榮格的語言來說，佳惠雖然是女性，卻找不到自己的阿妮瑪／陰性（anima）。

我們的心理治療從她婚前就一直進行著，陪伴她度過婚禮，度過蜜月，也度過懷孕生子。在懷孕的階段，治療忽然有極大的突破。準備當媽媽的她，開始認眞地讀育兒書，甚至包括嬰兒發展、腦部發展、親子互動、兒童精神分析等等。她忽然領悟到，原來這一切都沒有發生在她自己的幼兒階段。甚至，如此狂熱地大量閱讀，其實是出於自己內心這一部分的匱乏。

這一次父母來訪證實了她這些年的疑惑，卻又同時擔心起自己是否有能力擔任一位稱職的媽媽。她說，每次丈夫陪還只能爬行的兒子在地板上玩時，可以玩到兩個人都笑得燦爛極了，她忍不住問丈夫究竟有啥好笑的，丈夫總是說：「妳不覺得看著貝比的眼神，那些有的沒的表情，實在太好玩了。」

她不敢搭腔，因爲她實在看不到。她說自己帶小孩，雖然比父母好多了，但離先生又差好遠。自己帶小孩像是在將閱讀而得的知識運用出來，而先生卻是一見到孩子，內在就立刻跑出一個小孩跟兒子玩在一起了。

我知道，她形容先生的互動方式，就是兒童精神分析師溫尼考特所稱的隨興（spontaneity）。每個人都有自發性的反應，動作、話語、想像等等。只是，如果成長過程中所處的安全領域消失得太早，還沒有足夠自信的小孩會戴上人格面具，用大人模樣的假我來面對外在環境。

佳惠的成長確實是如此的過程，是改變不了的。不過，溫尼考特也說了：盡力了的父母（good-enough parents），就能提供孩子最好的成長環境。

我告訴佳惠，她在這樣的代間影響下，學習做一位母親，能做到這樣，已經是太不可思議，實在是太棒了。

父親是一座山

任何子女，不論他多大了，不論他跑多遠了，只要一回頭，他立刻可以看到山，同時也覺得山也充滿關注地看著他，一股被愛的感覺自然產生，療癒的力量於是湧上。

在一所遠離臺北的國中裡，我應邀去參加父母的座談會。我先給個演講，關於青少年的議題，關於現代家庭所面臨的社會變遷，然後開放問答。

對於這一類的場合，我向來會多準備一些內容，免得沒人舉手發問時，讓大家陷入等待的尷尬。不過，這些年來，發問的人愈來愈踴躍。甚至，問答的內容，我自己都覺得，比任何演講還更精彩。

那天，一位男士舉了手。他一開口便說：「我是單親爸爸，兩個小孩分別是八年級男生和六年級女生。我看了很多親職的書，但有沒有爸爸親職方面的談論呢？」

關於父親角色相關討論的不足

那一秒鐘，我在腦海裡迅速搜尋，除了浮現幾本討論「父親」的書，更想起多位我所認識的單親爸爸。而「討論」父親的書，多局限在社會學或歷史學的架構裡，或是談論父職重要性而已；似乎少有討論爸爸親職如何操作的專書。九〇年代，臺灣曾播出美國電視劇「天才老爹」（The Cosby Show，大陸譯「考斯比一家」），劇中有五個小孩的比爾．寇斯比，似乎是史上最有親職形象的父親了。他和小孩之間既有幽默的互動能力，又能十分睿智地處理孩子們的困難。在電視劇中，他是如此地完美，以致於私底下也擁有教育博士學位的他，忍不住要跳出來，在他的書裡告訴大家：「別怕讓子女知道你並不是個完美的父親，更重要的是，讓他們知道你時時刻刻都在，是可以信賴的，是碰到困難可以跑來說『我有困難』的最佳對象。」

父親的角色絕不是第二個母親。父親要做的是，就像比爾．寇斯比那段話的意義：一個存在，能接納孩子的存在。

在雙親的家庭裡，父親的角色，最重要的影響不是被要求進行直接的教養，而是一個存在，一個堅強的存在，最好更是一個接納子女的存在。不夠堅強的存在，也就容易成為缺席的父親（absent father），這也是關於父親的影響力討論最多的。

而父親對子女的是接納或是排斥，幾乎是所有關於文學或流行歌曲中父親形象的重點；也就是新好男人和舊的爸爸最大的差異——前者是積極接納，後者是百分之百被動。

然而，爸爸如何進行自己的親職，如何面對小孩子每天生活中的食衣住行，如何在這一切活動中和孩子成功地互動呢？爸爸的親職，跟媽媽的親職，又有怎樣的不同呢？

關於這一點，親職研究上並沒有太多的討論。爸爸在親職上往往是媽媽的助手、後援，和擔任紀律的最後防線，除了對爸爸的親職有態度上的提醒，此外幾乎沒有太多的討論。

然而，不論親職內容如何，爸爸在孩子的生命中還有另一個角色：像一座山的存在。孩子雖然只是遠遠看到他的身影，然而其中產生的意義卻是複雜的。

只是在背影中存在的父親

還記得這段文字嗎？

「我與父親不相見已有二年餘了，我最不能忘記的是他的背影。那年冬天，祖母死了，父親的差使也交卸了，正是禍不單行的日子，我從北京到徐州，打算跟著父親奔喪回家。到徐州見著父親，看見滿院狼籍的東西，又想起祖母，不禁簌簌地流下眼淚。

「父親說，『事已如此，不必難過，好在天無絕人之路！』

「回家變賣典質，父親還了虧空；又借錢辦了喪事。這些日子，家中光景很是慘淡，一半爲了喪事，一半爲了父親賦閒。喪事完畢，父親要到南京謀事，我也要回到北京唸書，我們便同行。」

這是民初學者兼作家朱自清最爲人熟知的一篇散文〈背影〉。文章一開頭，父親便出場了：距離是遙遠的（「不相見已有二年餘」），社會觀感上是失敗的（「祖母死了，父親的差使也交卸了」，「滿院狼籍」，「回家變賣典質，父親還了虧空；又借錢辦了喪事」）。這樣一個父親，根本是談不上親職，怎麼會成爲我們華人世界最讓人感動的父親之一？

在朱自清文章裡，他和爸爸一起到南京，終需一別。一邊是自認爲成熟的兒子（「其實我那年已二十歲，北京已來往過兩、三次」），一邊卻是放不下心的父親（「父親因爲事忙，本已說定不送我，叫旅館裡一個熟識的茶房陪我同去。……但他終於不放心，怕茶房不妥貼；……他躊躇了一會，終於決定還是自己送我去。」），而且兒子內心甚至還嫌父親老氣，嫌他跟不上時代，讓自己沒面子。（「我那時眞是聰明過分，總覺他說話不大漂亮，非自己插嘴不可。……他囑我路上小心，夜裡要警醒些，不要受涼。又囑托茶房好好照應我。我心裡暗笑他的迂；他們只認得錢，托他們直是白托！」）

然而，這爸爸還是跟以前一樣，從沒意識到這些年來時光的改變，好像不知道孩子壯了而他老了。

「我說道，『爸爸，你走吧。』他往車外看了看，說，『我買幾個桔子去。你就在此地，不要走動。』我看那邊月台的柵欄外有幾個賣東西的等著顧客。走到那邊月台，須穿過鐵道，須跳下去又爬上去。父親是一個胖子，走過去自然要費事些。我本來要去的，他不肯，只好讓他去。我看見他戴著黑布小帽，穿著黑布大馬褂，深青布棉袍，蹣跚地走到鐵道邊，慢慢探身下去，尙不大難。可是他穿過鐵道，要爬上那邊月台，就不容易了。他用兩手攀著上面，兩腳再向上縮；他肥胖的身子向左微傾，顯出努力的樣子。這時我看見他的背影，我的淚很快地流下來了。我趕緊拭乾了淚，怕他看見，也怕別人看見。我再向外看時，他已抱了朱紅的桔子往回走了。過鐵道時，他先將桔子散放在地上，自己慢慢爬下，再抱起桔子走。到這邊時，我趕緊去攙他。他和我走到車上，將桔子一股腦兒放在我的皮大衣上。於是撲撲衣上的泥土，心裡很輕鬆似的，過一會說，『我走了，到那邊來信！』我望著他走出去。他走了幾步，回過頭看見我，說，『進去吧，裡邊沒人。』等他的背影混入來來往往的人裡，再找不著了，我便進來坐下，我的眼淚又來了。」

我自己第一次讀這文章應該是小學中高年級吧，老師指定的課外閱讀。後來，從中學到大學，不同的場合也陸續讀了許多次，從沒打從心底地真正感動過。後來，隨著年紀，不知何時也開始同作者一樣，潸然淚下。

朱自清在一九二五年寫下的這篇〈背影〉，在華文世界關於父親最有名的一篇文章裡，將父親作爲一種象徵的意義，清楚描述了：在我們的社會裡，父親是像背影（看不到兒女對他是否感激）的存在。

然而，那一天，針對那位單親爸爸的問題，我回答了很多，多半是在談存在和接納。關於親職操作，幾乎沒有。我想，這位爸爸是不容易的，但希望他自己在遇到困難時，永遠可以回到一座山的狀態。

改變的力量來自那裡？

任何和青少年一起工作的人，不論是學校老師、社會工作者、少年觀護人、或是我們這樣心理治療或心理諮詢的人，大概都會同意：行爲偏差的青少年或年輕人，是最難輔導的對象之一。

朋友寄來關於臺東的一則傳奇，關於一座「孩子的書屋」的故事。

「被貼上標籤的原住民孩子；被失意父親當作出氣筒的孩子；被母親娘家不斷責罰的失怙孩子；受困於學校成績的正常家庭孩子……

「每個馨香的孩子來到世間本該擁有柔綿綿的愛，卻因爲父母的失職、學校老師的歧視等，大人的蹂躪不知不覺傷害了孩子的心靈甚至身體，讓走投無路的孩子選擇自我放棄。

「在書屋裡不乏這樣的孩子，他們原可能被社會的黑暗力量所沾染或吸收，但因爲有書屋這第二個家，成爲孩子無路可走時的棲身之地，宛如《聖經》裡的『逃城』一般，可以避開擊殺。書屋一位大孩子這樣說：『還好有陳爸，陪我走過躁動的青春期。』」

這樣一座不惹眼的「孩子的書屋」，裡頭有一群被視爲無藥可救的行爲偏差少年，在一位也曾是浪跡江湖之氿泬人的陳爸（陳俊朗），以及來自三教九流的幾位所謂的老師帶領下，居然脫離原先的或是渾渾噩噩或是憤世嫉俗的生命狀態，開始有了他們人生的追求，有了他們的自我肯定。

他們追求的不是孩子是否回到學校，是否考上大學；他們也不是要教小孩成爲世界第一的麵包師傅。他們只是希望孩子們，有一天，每個人都可以找到自己的路。

當然，這些發生在眞實的世界裡的故事，孩子的改變永遠不會像好萊塢電影一樣：只要讓孩子能夠一次心動，一切就能改變。眞實的世界裡，孩子們在有了逐漸一點一滴累積的同理心而能替別人設想時，同時還是忍不住因爲自我保護的反應而回到冷血的防禦狀態；在有了自我期許的未來想像時，也還持續懷疑著這個曾經拋棄他們的世界。

關於這一點，陳爸和幾個老師都清楚的。他們知道這些孩子身上的傷疤，不是一年半載，也不是三年五年就可以改變的。甚至，有些傷疤是砍在心頭上的，一輩子都存在於那裡，像活火山一樣，隨時還是可能再次爆發；現在做的一切，只是讓啓動的挫折閾值拉高，發生的機會盡可能地再小一點。

從開始到現在，這十三年來，陳爸經營了這個稱爲「孩子的書屋」的地方，在幾乎只有親友和少數民衆的支持下，已經有六百多個青少年和少年曾經進出這裡。大部分的他們，是被家庭和社會遺棄的，或者說，是家庭被社會遺棄時，他們也同時被遺棄了。

這些讓學校頭痛的「不良少年」，心理諮商或心理治療的教科書裡認爲最困難的「偏差行爲」或「低動機」個案，同時也是司法系統最無力承受的對象，卻是在遇到這位半路出家的發起人所帶領的大部分來自中下階層的雜牌軍老師們，在他們的一起打拚下，開始動了起來。

於是，在這些被貼上「無可救藥」的孩子身上，被父母師長和專家學者認爲幾乎不可能的改變，卻是不知不覺地發生了。

我們不禁問：這力量，這不可思議的力量，究竟是哪裡來的？

一座提供孩子們避風港灣的教堂

花東縱谷是從離開了花蓮市的公路上，在兩側山脈的圍護下，才漸漸展開。這縱谷的十一號公路是如此筆直而遙遠，一個人開車在這公路上，著實有一股莫名的寂寥。

九〇年代初，我曾因爲工作而經常進出這裡，隨著慈濟的醫療巡迴和當時省政府教育廳中學輔導網絡，到過這條公路分岔出去的每一條路徑。每多一次分岔，代表的是更辛苦而貧窮的環境。而這情形，在我一九八七或一九八八年第一次來到花東鄉下時，不巧就曾見了。

當年還是臺大學生的攝影家吳忠維，和我一樣，跟隨當時臺大社會系一位才從美國回來的年輕副教授，要去療養院做厄文·高夫曼（Erving Goffman，1922-82，美國社會學家）所倡導的參與觀察，因而一起聚在那個遙遠的小鎮：玉里。

這是我第一次遇到這位當年還年輕的攝影師，他正進行著布農族人的攝影。

忠維說起他這一系列肖像作品背後的故事，關於一場車禍事故，一群肇事者與同村也在現場目擊的平地人，如何以共謀的沉默來掩飾發生在他們眼前的車禍命案。而身為外鄉人的他，正和朋友騎機車環島中，剛好經過而目擊了一切，因此成為唯一站出來作證的人。因為是唯一一位，那漫長的半年不得不來回在臺北和臺東之間。

死者是來自臺東延平鄉紅葉村的年輕人。我在忠維的帶領下，於玉里行程結束後前往這個村落，除了認識死去的年輕人家人，也認識了村子裡的幾個年輕人。

當時，同樣是這個布農村出身的白光勝牧師剛從臺灣神學院畢業，便帶著不顧家人反對而嫁給他的平地妻子，回到這個村子，主持村子裡凋敗許久的教堂。然而無論再怎麼努力，即便是最激動的講道，還是沒吸引太多人來教堂。

而村子裡的孩童，許多都是成長在酗酒家庭裡，家中唯一可以寫作業的桌子是被喝酒的爸爸所占據，晚上的功課也就不斷被買菸買酒的叫喚所打斷。

年輕的牧師夫婦，索性打開沒教徒的空蕩蕩教堂。

敬拜主耶穌的聖殿，開始成爲村子孩童晚上進修的安全港灣。

尋常家庭以外的替代父母

去年，相隔三十年後，我回去臺東，剛巧借到一輛車子，索性直奔去拜訪了白光勝牧師，以及他現在所帶領的布農部落。

這地方是座落在村落之外，遠離昔日的教堂了。而布農部落如今已經遠近馳名，不但成爲東部的觀光重點，也提供原住民上百個工作機會。

白牧師昔日的夢想成眞了。

他雖然沒能改變原來的部落，但他重建了一個嶄新的部落。

當年，白牧師先是想法子要重建教堂。然而他發現，要重新振興教會就要重建部落，要重建部落就要重建社會，於是後來又投入社會運動，甚至是政治。終於，在人生繞了這樣一大圈之後，才終於回到原本的出發點，專心投入布農部落的建立。

布農部落的網頁上，這樣提到：「八十三年起，白牧師試圖尋找一個文化傳承與經濟生機兼顧的模式，布農部落正是實踐希望工程的場域。籌建布農部落的同時，創立了『布農文教基金會』。

「為根本落實原住民的重建工作，予族人自給自足，讓國人深度參與，布農部落目前規畫有部落劇場、有機蔬菜區、生態公園，並持續舉辦藝術展、河川保育營、青少年狩獵營、海內外巡迴演出、戲劇營、兒童編織營、原住民藝術創作研討會，期望藉由有機農業、文化研究、藝術創作、環境保育、生態復育、工藝傳承、青年養成、幼兒教育、老人福利，走向原住民社會發展自主，開創生機的模式，為原住民部落的未來尋找出路。」

這目標是宏偉的，未來的努力是不容易的；然而，單單目前這樣，能夠走到這地步，這一切過程就已經很了不起。

然而，我內心深處還是忘不了當年待在舊教堂黝暗光線的感覺。

那時，待在臨晚黑暗的教堂裡，只有小孩子們在微弱的燈光下，吱吱喳喳，或聊天或寫功課。有些熱情的小孩，拉著我們，指著牆上釘著的照片或明信片要我們好好看看。原來是從村子出去的孩子們，是這些教堂裡孩子從呱呱落地就熟識的同村子大哥哥大姊姊們。他們是更早以前，同樣在這裡一起讀書玩耍的孩子。慢慢的，畢業了，功課也有一定的水平，他們在白牧師的建議下，許多都去了警校或軍校（男生）和馬偕護校（女生）。這些學校既是公費，讓貧困的父母不必煩惱學費；而且未來畢業以後又有前途保障，不必被那些熟悉都市叢林競爭文化的白浪人（臺灣原住民對平地漢人的稱呼，源自閩南語壞人的發音）所欺負。

那一張張的照片裡，或是坐在馬偕護校草坪上，或是站在軍校的建築前，孩子們所熟識的大姊姊穿著漂亮校服、大哥哥身著筆挺軍服。這是照片奇妙的力量，這樣薄薄的幾張紙片，就可以爲這些孩子成長過程中向來封閉的世界，打開一道窗，一道可以眺望外面世界一切美好事物的窗。

在一般小孩的成長過程裡，這道窗原本應該是父母或學校給予的。然而在這部落裡，他們父母可能終其一生沒去山下發展，可能去了山下卻從不知道如何眞正地進入到那個世界；而學校的教誨又離他們的生活太遙遠，從不知道他們的成長是禁錮在許多陌生的驚恐裡。

那些牆上的照片，給了孩子力量，因爲它們傳遞了這樣的訊息：「我是你昔日平凡的哥哥姊姊，經歷和你一樣的成長過程；我可以做到的，你也可以做到。」

那些牆上的照片，照片後的那些人，以及那些人背後的牧師夫妻，他們都成爲小孩子們在自己的家庭外面找到的替代父母（substitute parents），比父母還更進入他們的心靈深處。

陳爸和他的夥伴也好，過去的白光勝牧師也好，都不知不覺地，在某一程度上，成爲孩子生命中替代的父親。

父親在孩子發展過程所扮演的角色

父親的形象，是一種饒富趣味的存在。對子女而言，母親有撫育教養的角色，也就是母愛的英文mothering這個動詞所指的意義；然而，父親father作爲動詞時，並沒有同樣程度關於撫育教養的涵義。更多的時候，父親是一種存在，是一種接納或排拒的存在。

「父親像一座山」是經常被使用的形容方式。一座山，是一種有距離的穩定存在，是我們生活中不知不覺的習慣。父親就是這種存在。只要他堅定地存在，對小孩子的成長就提供了十足的安全感。在孩子的成長過程中，父親不需要像母親一樣地動手動口的，他只要安定地存在。這樣的存在，可能一直沒有改變；然而，在孩子的眼中，卻隨著成長而有不同的意義。

研究父職的心理學家麥可・蘭波（Micheal L. Lamb），曾是美國國家兒童發展與人類健康研究中心（NICHD）社會及情感發展研究的負責人，目前任職於劍橋大學心理系。他提出父職角色在孩子不同成長階段的不同角色：

零到五歲幼年期，父親是不可或缺的第三者：孩子從依賴母親到開始往外探索，心理上需要離開母親而追求獨立個體感時，父親成為他「安全的第三者」，讓他可以沒有罪惡感地離開。

六到十二歲學齡期，父親是具權威象徵的角色典範。這階段的孩子正是學齡期，開始學習從他律轉換到自律。而父親則應該善用自己的權威感，來為家庭建立規範，並且以身作則來發揮影響力，孩子也可以在內在建立道德心。這也就是在這個階段時，為什麼媽媽管不了小孩時，會說：「等你爸爸回來，你就知道。」

十三到十八歲的青春期，父親成了兒子的競爭對手，女兒的第一次異性關係。女兒喜歡跟父親親近，兒子則是較接近母親。然而，這階段的男孩，需要父親在身邊成為性別認同的楷模，卻又忍不住在認同之後進而競爭，發展出如同父親的男子氣概。而女兒則是在與父親的互動中，形成往後與異性相處的模式。

十九歲以後，父親在子女生命中扮演的是精神導師。子女成年以後，不論是職業選擇或生涯規畫，父親都願意給予建議，並且加以鼓勵，在亞洲社會甚至還會在資金或社會關係上給予進一步的支持。

根據蘭波在他編輯的《父親在孩子發展中的角色》一書緒論中所提出的理論，這每個階段的父親，都是一種存在，只是孩子的解讀不同罷了。

在孩子的發展過程中，父親最重要的只是存在，不像母親是活動或互動的狀態。如果有人認爲，做父親比做母親容易，這確實是事實。然而，儘管「做」的較少或較容易，在意義上，父親的重要性不見得遜於母親——至少在現代的資本主義社會裡是如此。因爲父親對孩子發展意義，同樣十分重大；對孩子的發展同樣有深邃的影響，他可能帶來的傷害程度也就毫不遜色，甚至還有過之而無不及。

父母如何修補自己造成的傷害?

如果傷害發生了，做爲父母的我們，又如何去修補自己造成的傷害?

二〇一三年六月，我應邀在中國大陸發行的《心理月刊》擔任回答讀者來函的心理專家。雜誌的編輯幫我篩選了這些來信，其中有一封就是談到父親的角色。

「你好，今年我四十二歲，有一個十二歲的兒子。四年前我和一位比我小十多歲的女人在一起了，我很愛她，到後來為了她而離婚。離婚是一件浩大的工程。在這個過程中，我希望按自己的原則慢慢去處理，把傷害降到最低。可她竟短信告訴我妻子我們的事情，手機被兒子搶過去看到了短信內容。他很生氣，發短信罵她。現在我和妻子已經基本談好了離婚，兒子從看到短信那天開始，本也不搭理我，打電話給他，他也很少接聽，我很傷心，不知所措。他是我最愛的人，可是他怨恨我，無法理解我。他剛上初中，學習狀態也不好，我很擔心。請告訴我，該怎麼辦？怎樣讓兒子理解我，怎樣不傷害他，不影響我們的父子情？」

這是頗有意思的提問。平常我在診療間裡工作，遇到的問題是與此十分不同的，經常是比這樣的書信問答嚴重一些；然而，書信提的問題雖然沒那麼嚴重，卻可能更加複雜。

關於這個複雜的問題，我是這麼回答的：

「你說的好，離婚是一件浩大的工程。然而，就像離婚一樣，爸爸的親職工作也是一件浩大的工程，而且是更漫長，更沒有任何可參考借鏡的工程。

兒子的憤怒可以分幾個層面來理解。

首先，你心裡要有這樣的想法：他在看到你手機上女友的短信以前，其實早已感覺到你的態度有異，感覺到父母之間的關係有變。所有關於離婚的研究都指出，不論父母平常的衝突是否刻意避開子女，孩子其實都清楚感覺得到，只是不知所措地沒反應罷了。

孩子害怕失去家這個安全基地，因此，表面上也許不動聲色，其實已經順著自己的無意識，在不知不覺的情況下做了許多努力。他一開始是變得成熟或乖巧的；如果這方法無效，他就會開始出狀況，學壞、功課變差等等，好引起你們夫妻的注意。家族治療師稱這現象是「代罪羔羊」，也就是小孩子像羔羊一樣，希望透過自己的犧牲，來換取諸神（父母）的息怒。你們覺得他啥都不知道，其實他已經做了很多超出他年齡的努力。

如果他那麼努力，卻發現你還是依然故我，還是堅持離開這個家，也毀了這個家，他的感受不只是傷心，還有被你背叛。可想而知，他對你的憤怒有多麼強大。表面上他是為了母親才生你的氣；其實這只是他能表達的方式。他不會承認你的背叛造成的傷害。然而，即使是你的妻子（他的母親），可以接受這一切，他的情緒還是一樣憤怒。

至於你女友的作法是很難理解。如果她是愛你的，她應該是信任你的，信任你會「按自己的原則慢慢去處理」。然而，她卻擅自發短訊給你的妻子！是她不愛你，故意惹惱你和你的妻子？還是你在兩人關係裡，自以為自己是對的，但在實際上缺乏足夠的溝通，讓女友沒有安全感？我擔心是後者，因為你的妻子和兒子也都和你女友一樣，你對他們的看法都是憑自己猜想的。如果是這樣，你親密關係中的人，也許是等不到你的行動而著急了（或許你女友便是如此），也許是太高估你也太相信你而覺得被背叛了（或許你兒子便是如此）。

如果真的離婚了，你要如何面對這個視你為仇人的小孩呢？甚至，即使沒離婚，在經歷這件事以後，他恐怕對你還是充滿敵意的。

你千萬不要積極去解釋，但態度一定要真誠。有一天你兒子問起這事，或你只是感覺到他想開口，你一定要真誠說出你在兩個女人之間的感覺，不要有任何欺騙，不要做任何選擇性的回答。只要他願意聽，你就盡量講明白。你可以很清楚地讓兒子知道，你也許不再愛他的媽媽，但你還是他的好爸爸。

兒子需要會信任他的父親，透過你的信任，他可以獲得自信，可以修補被你背叛的傷害，也可以開始重新信任你。只是什麼時候，兒子才會開口問你究竟是發生什麼事呢？可能這幾天，也可能是二、三十年後。

父親的角色本來就跟母親不同。根據發展心理學家的說法，母親是陪著小孩身邊一起生活的，一起情緒起伏的；父親比較像是一座山，是永遠關注小孩的穩定存在。因為是一座山，不會有太多改變造成小孩失去安全感；因為是關注小孩的，所以一旦小孩有非平常的需要，父親的態度是接納的。

不管你最後是否離婚了，對自己身為父親的這個角色，千萬別著急。兒子的反應不論是怎樣，你要放輕鬆，安安靜靜地關注他就好。想想那一種感覺，自在地像一座山，有一點距離地陪著他。只要你是安靜自在，不要在乎多少年，終有一天他會奔向你的。」

我敢這樣肯定的回答，是經過一番思考的。

我經常思考，心理治療的力量，到底是來自哪裡？

為什麼有些個案，明明花了很大的力氣，做很深入的分析，或者是陪伴許多年，但始終還是沒辦法改變。

有些個案所處的困境同樣很艱辛，卻是跟他談一些話、點出一些問題，他就開竅走出來了。有時自己看到相當不容易的個案，但下一次門診時，卻發現他已經在教會協助後，或是在慈濟志工的開導下，豁然開朗。

到底，改變是怎麼發生的？

這問題可以從很多不同的理論和觀點來討論。心理學中的依附理論，可以提供一個一般人都容易理解的討論。

孩子是依附大人慢慢長大的

在心理學中，有很多關於兒童發展的各種理論。其中依附理論是最被廣爲應用的理論之一。

依附理論可以談得很深，但也可以談得很淺白。它的應用不只是在小孩，連大人的臨床問題也可以依此理論進行分析思考。

依附理論是跨領域的研究，包括了心理學、演化論和動物行爲研究。二次大戰剛剛結束的時候，無家可歸或淪爲孤兒的孩童立刻成爲迫切要面對的問題。身爲精神科醫師也是精神分析師的約翰・鮑比（John Bowlby, 1907-90），應聯合國的要求，針對這問題寫了一份報告，題目就叫做「母親被剝奪」（Maternal Deprivation），從此，他開始提出依附理論。

剛出生的嬰兒是依附在能夠跟他們既敏感也反應佳之社會互動的個體上。當嬰兒開始長大，開始可以爬可以走，他們以這個個體作爲安全基地，開始由這裡往外進行探索。於是，從依附到分離，個體開始慢慢分化成形。

這個理論由北美的心理學者安思渥斯（Mary Ainsworth, 1913-99），在六〇到七〇年代加以進一步闡述。她先提出了三種依附模式。

第一種是安全的依附模式（secure attachment），小孩子在往外探索時，還是可以隨時找到安全基地，因爲照顧者總是適時地回應，而形成了一個很好的安全依附。

第二種是逃避型依附（avoidant attachment），孩子對於遊戲中的分享，或照顧者的離開或歸來，都沒有太大的反應。對陌生人也沒有太大的差異。這是因爲照顧者對他的壓力或沮喪都沒有太多反應，甚至是阻止他的哭泣而積極鼓勵獨立不依賴。

第三種是焦慮矛盾的依附（anxious-ambivalent attachment），照顧者的態度是不一致的，時而熱烈時而忽略；嬰兒既然沒有辦法視他爲一安全基地，也就在分離前先破壞關係。然而過去曾經擁有這樣的安全基地，嬰兒既會繼續尋找，但又抗拒獲得這接觸。

第四種是混亂失序的依附（disorganized/disoriented attachment），由加州柏克萊大學瑪麗・梅恩（Mary Main）提出來。照顧者是受驚或驚嚇他人的，是混亂、退縮、角色混亂，經常和各種形式的兒童虐待有關。嬰兒因此經常出現固定重複的行爲，例如全身僵硬，或者是不斷敲打。

這四種模式可以解釋許多小孩子爲何會出現所描述的行爲，甚至在八〇年代亦開始應用到成人，甚至發展出以依附理論爲核心的心理治療方法。夠好的依附關係，才能完成心理成長過程中的心智化（mentalization），也就是自我察覺和同理他人的能力。

如果在童年沒有足夠的依附體驗，他可能在日後與他人的親密關係中（最常見的是愛情或婚姻）、治療關係中、或其他的特殊關係中，獲得這樣的依附體驗，而完成安全的依附模式。

也就是說，童年的依附固然是很重要，但只要不是太嚴重，不是太早就被剝奪，它還是可以在日後，以另外的形式來彌補。

修補的力量如何產生？

究竟怎樣的關係，才能產生夠安全的依附，足以重新彌補過去的傷痕呢？這是一個值得探討的問題。

許多學者提出他們的論證，要做進一步的說明，但到目前為止，還是沒有讓大家都信服的說詞。

關係如果產生修補的作用，往往出現在無法預期的時候。

如果我的記憶沒有太離譜的錯誤，我記得多年以前在張小燕主持的「超級星期天」綜藝節目裡，曾經看過這樣的故事，便是一個很好的例子。

「超級星期天」節目裡有個單元「超級任務」，是由阿亮（卜學亮）所負責的。有一集，是剛剛出道的動力火車，也就是尤秋興和顏志琳兩位音樂人，他們要尋找自己生命中的重要他人。

在他們還在一起讀書時，兩人調皮搗蛋，經常蹺課出去市區胡亂逛逛。有一次，闖了禍，弄壞別人的摩托車，對方一直要他們賠。可是他們是剛從原住民部落來到小城的單純小孩，沒太多錢，不知怎麼辦。對方告到學校去；學校的教官於是來了，他們嚇壞了。沒想到教官一句惡言都沒，幫忙賠了錢，還帶他們去吃牛肉麵。

他們在節目中說，那是他們人生中吃的第一碗牛肉麵。那時候起，他們發覺原來自己是有人關心的，做起事來也就更在乎自己的表現。他們覺得這位教官是他們這一生中的恩人，改變了他們的人生觀。

於是阿亮就回到學校，找到這位許久不見的教官。沒想到這位教官居然表示，他完全不記得這件事了。

這位教官有學過很深奧的心理治療嗎？當然沒有。

這位教官是很用心地想要改變他們兩人嗎？當然不是，否則，一定記得這件事。

然而，就是因爲一切都沒有。

這位教官沒有心理治療的目的，也沒有想要影響他們。他的幫助就是單純的幫助，他的關心就是單純的關心。就是因爲這樣的單純，反而產生了修補的力量，也就是在短短的接觸中重建了依附關係。

無條件的關心，無條件的愛，也許就是這個祕密的答案。

我們愛情裡的占有欲

愛，是一個琅琅上口的字，幾乎是陳腔濫調了。

然而，佛洛姆（Eric Fromm, 1900-80）這位偉大的心理學家卻有不同的看法。

對於大衆文化中所共同憧憬的愛情故事，像莎士比亞的劇本《羅密歐與茱麗葉》，或是普契尼歌劇的《波西米亞人》或《蝴蝶夫人》等等，佛洛姆表示那是愛情的詛咒。對他而言，愛情從來沒有「海枯石爛，此情永不渝」這一回事，沒有「山盟海誓」的可能。

對佛洛姆來說，每個人活在這世界上，只要他在生活是有稍稍思考的，就會隨著生活而有所改變。當人生的想法有所改變時，對愛情的看法也會改變。在這樣的情況，「山盟海誓」怎麼可能存在？

在會談室裡，處理婚姻問題時，治療師經常讓對方說一說當初是怎麼認識、如何愛上對方的。在這情境下，當事人回想起當年剛剛戀愛時的一切，往往會一方忽然激動起來，指責對方說：「你看，你全變了。以前你是怎麼說的？怎麼現在變成這樣呢？」

隨著這股激動稍稍和緩時，我會反問這位質問者：「你自己呢？你自己這些年眞的一點都沒有改變？」

對佛洛姆來說，海誓山盟只是將人的發展限制住了。眞正的人生是活生生永不止息的，是不斷成長改變的。唯一的永恆，只有死亡。死亡才能停止一切改變，讓誓言所捍衛的一切果眞永恆不變。因此，我們所憧憬的那些愛情故事，那些不違背說出口或沒說出口的誓約的愛情，無一不是以死亡爲結束。羅密歐死了，蝴蝶夫人死了，卡門死了而軍官唐・荷西被捕了，連《鐵達尼號》的傑克也死了。

佛洛姆說，人類對這樣愛情的憧憬，原本就是有種「戀屍癖」的欲望。戀屍癖，英文necrophilia，philia是喜愛，necro是來自古希臘字的nékus，意指屍體或死亡。人們對這樣愛情的嚮往，其實是反應出人類集體潛意識裡對任何改變的恐懼，是與現實生活中永遠變化無常的事實相違背的。

我們喜歡一個人，應該會喜歡他／她未來的任何成長，任何改變。這也就是佛洛姆提出戀生欲（biophilia），bio是生命的、活生生的意思。國內前些年才去世的哲學家、文學家孟祥森（1937-2009）將佛洛姆這個詞譯爲「愛生哲學」。

眞正活著的人是不可能不改變的。我們的想法不只是隨著生命而改變，甚至是隨著社會變遷而改變。如果鐵達尼號不沉，如果傑克和蘿絲走下船而開始走進生活，在蘿絲的上流世界中，傑克會不會變得很笨拙，讓蘿絲難堪？如果蘿絲來到傑克生活的世界，是不是會變得很拘謹，讓傑克覺得做作？

佛洛姆認爲愛不止是一種感情，它是存在於人與人之間的創造能力，是「照顧、責任、尊重和認識」。他在《做爲人》（*On Being Human*，1997）裡這麼說著：「我相信選擇進步的人們，透過他發展出來的所有人性的力量，可以找到一種新的結合。這些力量是從三個方向產生的，他們可以分開，也可以放在一起：戀生欲，對人性和自然的喜愛，和獨立與自由。」

先愛自己，才能無條件的愛別人

佛洛姆出生在德國法蘭克福的典型猶太人家庭。有關他成長的資料並不多，大多是在自傳式作品《超越錯覺的鎖鍊》（*Beyond the Chains of Illusion*, 1980）裡。

根據他的說法，他是家裡唯一的小孩。經商的父親脾氣暴躁無常，而母親則是常處於憂鬱狀態。在這樣環境長大的他，並沒有直接說自己是如何受到父母情緒的影響。然而，可以想見，在這樣環境下長大的佛洛姆，不只是孤獨，甚至經常受到父母雙方情緒的影響。

他是孤獨的。十二歲那一年，他暗暗愛慕一位家族的朋友，二十五歲的女畫家。原本記憶中，美麗而迷人的她，解除了婚約，一直守著她鰥居不苟言笑的父親。沒想到，父親去世了，過沒多久她也自殺了，留下遺囑要埋在父親墳墓。這件事啟動了他對心靈的好奇。

他因為孤獨，自然渴望母愛。他的母親長期受苦於憂鬱症，自然未能充分提供足夠依附。這樣的戀母心情，讓他愛上了他自己的分析師，大他十一歲的弗莉達・賴奇曼（Frida Fromm-Reichmann, 1889-1957），也就是《未曾許諾的玫瑰園》（*I Never Promised You a Rose Garden*）中所描述的弗莉醫師。偉大的存在主義心理學家羅洛・梅（Rollo May, 1909-94），年輕時也是她的個案。

同樣的，佛洛姆從父母那邊，恐怕也是受到他們情緒的間接「侵略」吧！說是「侵略」，是指父親的暴躁，將帶來小孩永遠的恐懼，和自責是不是自己惹父母生氣了：母親的憂鬱，則帶來永遠的無助感，和另一種自責，覺得自己沒幫上忙，間接害了母親。

也許這樣，佛洛姆寫下他的重要作品《人人為己》（*Man for Himself*, 1947）。

人人為己？這話聽起來十分奇怪。

佛洛姆認為，每個人都要將自己當作最優先照顧的對象。唯有自己的狀況安頓了，對別人的付出才會可能無所求。佛洛姆這樣的主張，相信是來自他自己最深刻的體驗，也就是童年的成長。

就像大部分的父母一樣，佛洛姆的父母恐怕也是不自覺地將自己的欲望，投射在小孩子身上。在成長的過程裡，我們在生活裡經常可以聽到的一些說法，乍看是充滿親情的，其實是往往有條件的。

我們可以從生活裡常聽到的話，來思考我們身為父母時可能經常閃過腦海的用語，想想這些自以為是為了孩子而犧牲自己的話語，是否在另一層面也挾帶了我們私心想操控的？

「媽媽罵你是爲你好！」也許意識層面的確是爲了孩子的好，但動機果眞僅止於此？還是多少也發洩了自己的情緒？

「這麼辛苦地做牛做馬，就是爲了你們的將來。」是否在教訓之餘，利用孩子的罪惡感，讓他們有理也說不出口，只好全都順從了？

「你怎麼可以這樣，我是這麼愛你……」因爲我們認爲自己付出了愛，就可以要求對方放棄任何不同的主張？

「孩子，我要你比我更好！」所以孩子就變成我們人生跑道的下一棒，是我們的延伸，不能自己選擇跑道？

無條件的愛是十分不容易的。

人與人的親密關係，是十分複雜的交錯關係，充滿了雙方之間各自成長經驗所相互投射出來的錯覺。即使是人性中被公認爲最無私的母愛，也很難不帶有一些許的自私欲望。即使是最純粹的愛，也是經常發自內疚和害怕。

我們在這樣的愛中長大，也不自覺地用同樣的心態去愛別人。因爲如此，我們的愛，常常不容易沒有條件。佛洛姆指出我們所歌頌的愛情是隱藏著戀屍癖的欲望，就是要指出我們往往以愛爲名，其實是出於自己的恐懼而想將對方牢牢掌控。因此，唯有我們對自己是充足照顧的，是讓自己的恐懼或不安都不會發生，我們對他人的愛才會眞的無所求了。

愛應該是不會勒索，不必討價還價，也不因恐懼而勉強。然而，能給予無條件的愛，必然是無條件地愛自己。

療癒的力量來自於單純的真誠

對他人無條件的愛，無條件的關懷，是一件經常不必很用力就做到的事。因爲我們是先對自己有了無條件的愛，自己是滿足的，付出也就十分自在，十分自然了。而且，這樣的愛是沒有所謂專業訓練的絕對必要；然而，不可否認的，如果我們要深入理解自己是如何對待自己的，透過被分析的個人體驗，或類似的專業訓練，將會十分有幫助。

專業不是必要條件，能夠無條件地愛自己才是重點。這也就是爲什麼我們可以看到，許多成功地幫助別人的人，是不曾受過專業訓練的。

有一個例子，是我多年以前在花蓮見到的。我一直念念不忘。我在許多大衆演講提到這個例子，也曾寫進《好父母是後天學來的》一書中：

「一九九三年臺灣施行兒童福利法時，我在花蓮曾經協助過一對姊弟。他們的父母經年在都市裡作板模工，是住在工地的流浪工人，小孩只好托故鄉的父母。可是貧窮總是殘酷的，它不只是經濟上的匱乏，也讓人容易病痛和衰老。姊弟的祖父母因此經年臥病在床，連三餐都是村裡鄰居叫姊姊帶些多餘的飯菜回去湊合。因此兒福法實施時，這對法律上屬於被疏忽的姊弟也就由村長登錄上報，而強制安置了。

「寄養家庭原本十分猶豫，因爲一口氣要多兩個小孩；可是聽到才小學五年級的姊姊是如此懂事，祖父母和小三的弟弟都是她照顧的，才放心接受。可是，住進來幾個月後，一切卻發生了與預期全然不同的發展。

「黏人的弟弟適應還不錯，倒是懂事的姊姊開始出狀況。

「她先是半夜醒來會跑去寄養父母的床上，後來臨睡便賴著不走。甚至出現每天黏著寄養媽媽，寸步不離。終於，寄養父母受不了是因爲吃喜酒的那一晚。

「寄養父母原本就有兩個兒子，年紀和這兩姊弟差不多。那一晚寄養父母要去參加喜宴，姊姊抓緊寄養父母堅持要去。他們想，只有一袋紅包，總不能四個小孩都帶去而占掉半桌，索性就都不帶了。沒想到吃完喜酒，開車回家的半路，看見對面小坡的家門燈火大亮，簡直嚇壞了。待車到門口，才看見自家大門洞開，而姊姊坐在門檻上。

「寄養父母想，是不是自己帶法有問題，才讓小孩的狀況愈來愈糟？於是透過負責安置的家扶中心，安排了一次個案討論會。這也是我遇到這對姊弟的緣故。我告訴寄養父母，不是帶法有問題，而是他們帶得好極了。

「姊姊是典型的小大人，還沒擁有足夠的依附就被迫成熟了。然而，來到這個家，因爲寄養父母創造了一個可以讓她完全放心的環境，她潛抑的依附需要被釋放出來，舉止才會變得十分小孩子，也就是所謂的退行（regression）。

「英國兒童心理大師溫尼考特就曾提出『有益的退行』這一觀念，認爲『欲求（精神分析式的）治療有效，必須讓退行發生以尋求眞我。』這對寄養父母雖然沒任何專業，但他們單純的眞誠和韌性，對這對姊弟卻產生了治療性的改變。」

這樣的單純的眞誠和韌性，就是這對寄養父母對這兩個小孩的愛確實是無條件的，是沒有任何附加的期待的。

同樣的，當年布農部落的白光勝牧師也是如此，無條件的付出。剛剛畢業的他，單純地想奉獻給主，所有企圖都是放在那些走失的羊兒，也就是不再對信仰有眞正企盼的族人。對孩子們的照顧，只是一種順便發展出來的附加活動。因爲是無意中發展出來的，也就沒有任何附加條件，反而帶出了一批批的孩子。於是，透過教堂，孩子們完成了自己的依附需要，可以適當地處理自己的創傷了。

同樣在臺東的「孩子的書屋」裡，陳爸和他那一群伙伴也是一樣了不起的。也許在某一定義下，他們都曾是這個社會的「失敗者」。曾經是失敗者而又站起來，他們知道面對未來，任何人都是十分艱辛的，對孩子們對他們付出的反應，對孩子們在外面世界的表現，也就沒有太多要求的條件。

同樣的，動力火車二人組年輕時遇到的那位教官，當他被電話通知而趕到現場時，也不會想到要創造出任何奇蹟。他只是單純地覺得，只要是學生的事都是教官或老師的事，全然沒有嫌麻煩的念頭。他去了，單純地關懷學生，也許頂多是知道這些孩子才剛離開部落，因而再多一點用心，如此而已。因爲這一切作爲都是應該的，對兩個學生也就無所求，甚至連記住這一切都不用了。

沒有不犯錯的父母親

颱風剛剛過境的一個下午，子軒和他的母親一起來到我的心理治療診所。母親談起子軒的事，在這樣的一個家族壓力下，自己是如何嚴厲要求小孩。忽然，她猶豫一下，有點困窘地說：「我自己身爲母親，過去的作爲，大概就像你所說的，有毒的父母。」我聽了，感覺既是尷尬，又不免心裡一震。

我自己在過去的文章裡，曾經數度用過「有毒的父母」這一觀念，也就是《父母會傷人》這本書的英文原書名。只是，寫文章的心情是一回事，看診又是另一回事，總天真地認為這是全然不相干的兩個世界。忽然在自己的診間裡，遇到讀我文章的人，原本就有些錯愕；文章寫的分析，竟然是當事人也點頭承認的，更是有些驚訝。

我直覺的反應是，立刻找一些話安慰，因為有些措手不及而結結巴巴：「其實不會的，不會那麼嚴重的，妳會這樣思考，自己就不會有這問題了。」

多年以來，我不知不覺地寫了不少關於青少年或年輕人的文章。有些身為父母的朋友，會直接的表示：「你根本沒考慮我們為人父母的處境！」更多的朋友則是和子軒的母親相近，也許自責，也許迴避相關的話題。總之，好似我是指責著他們，而他們也以不同的方式承認或默認了。

一位讀者給我的信是這樣寫的：「我只是用我父母的方式來教我小孩。我一直以為自己做得不錯，至少比我父母還好，因為他們那些讓小時候的我不舒服的部分，我全改了。直到孩子開始不願上學，我又剛好看了你的書……，原來我犯了這麼嚴重的錯，竟然不知道自己傷了孩子這麼深。我怎麼辦？永遠註定是一個壞父母，無法挽回了？我對不起自己的孩子，……」這一切的反應，都是在我意料之外。

當初，從一九九六年開始在《幼獅少年》開始寫這些文章，一路寫寫停停，只是想告訴大家：我們忽略了青少年所處的世界，我們來看看青少年的處境吧。我沒想到，我以為一直沒談父母，其實老早就間接地指責了父母。

然而光是指責，只是徒然讓父母更不可能無條件地愛子女。當父母的內心有更多的罪疚，當父母不能真誠地相信自己是值得愛的，他們又怎能無條件地愛子女呢？

而這一切的問題，恐怕都來自我內心的投射。

我自己經歷的青少年階段是辛苦的，而且，沒意識到自己將這一切有意無意地全都怪罪在我父母身上。我自己沒察覺這樣的一個態度，當然就不可能去同理我父母也是在滿是創傷的過程中長大的，當然也就讓自己耽溺在自己受害者的情緒中。

我的書寫於是忽略了父母的處境，忽略了自己應該隨時提醒：所有的傷痕都是可以修補的，而做父母原本就是一種犯錯的歷程。溫尼考特早就說了：沒有完美的父母，只有夠好的父母（good-enough parent）。夠好的父母當然會犯錯，只是他們是因為不知道才犯錯，知道以後就不會再犯這一個錯了。

父母當然可以犯錯，甚至，因父母之錯而受傷的子女，心中的傷痕也是可以修復的。

父母像山一般安定的存在，就是療癒的開始

建志因爲暑假的緣故，從國外回來度假。他這兩年順利多了，過去幾年每每教他不得不休學的憂鬱症狀，似乎已經永遠離去。他來約診，也許是還有一絲對自己的不安，但更多是想和我分享他的成就感：strait A 的學期成績、某某教授對他作品的激賞，獲得一份同學們稱羨的實習機會……。然而，不經意地，他提起哥哥：他自己的情形不再讓父母擔心之後，反倒是向來讓父母最放心的哥哥，開始有酗酒的傾向。

建志的哥哥大他兩歲，他後面則有一位小六歲的弟弟。

弟弟一出生便是多重殘障，連胸腔發育都不良，以致於經常肺炎發作而需要呼吸器，直到弟弟十歲那年去世爲止。在這之前，父母爲了照顧弟弟，用盡所有精力，幾乎都忘了建志他們兩位兄弟。

建志的憂鬱症是國中二年級開始，更早以前則是莫名的腸胃絞痛而經常被送急診。現在他回想起來，已經知道自己是身心症狀，是潛意識爲了引起父母注意才發展出來的。

他想，如果他自己的生病是這緣故，會不會哥哥也是如此？父母擔心建志憂鬱

的緣故，恐怕是將哥哥給忽略了。

過兩天，建志的父母親自己來了。原來，我們的談話，建志回去告訴父母了。父母覺得有道理，於是來找我商量。我聽父母自己親口說起當年種種，原來有更多的辛苦是建志不曾知道的。他父母說：「可是，怎麼辦，我們對哥哥的忽略所造成的傷害已經形成了，如何才能幫他？」

父母親所著急的，是哥哥已經拒絕和他們互動。如果沒有機會交談，又怎能幫忙呢？

我要他們先要原諒自己。同樣是這樣的情況，生下一個不容易照顧的小孩，有哪位父母做得比他們更好呢？如果再來一次，他們可以做得更好嗎？他們要放下自己內心的自我譴責，這是無條件地愛自己的第一步。

當他們面對哥哥是沒有罪疚的，是自在的，他們才可能無條件地去愛哥哥，進而修補以前遺漏的依附。

「如果哥哥不想談，你們不用問，也不著急，更不必自責。你們只要讓他知道，爸媽是隨時都等待和他交談，只要他願意。」

這時，既然任何積極的態度都只是造成更大的緊張，媽媽也可以像爸爸一樣，像一座山一樣地自在地存在著。只要山的子女願意親近這座山，願意走向山來，山當然樂意去擁抱他的子女，樂意成爲他哭泣所倚靠的支持，樂意包容他療傷需要的停留。山，對自己的子女，只有無條件的愛。

任何子女，不論他多大了，不論他跑多遠了，只要一回頭，立刻可以看到山，同時也覺得山也充滿關注地看著他，一股被愛的感覺自然產生，療癒的力量於是湧上。

我回覆《心理月刊》那位擔心兒子受到傷害而不理他的父親也是這樣的：像一座山一樣地存在著。大地都會隨四季遞變了，只要他能自在地持續著，終有一天，這一切誤會都會找到抒解的方式。

像一座山，自在地存在著，這是我們在這個十倍速時代最好的生命方式。

晚熟世代：王浩威醫師的家庭門診

A Generation of Postponed Maturity

作者—王浩威

出版者—心靈工坊文化事業股份有限公司
發行人—王浩威
總編輯—王桂花
責任編輯—黃心宜
特約編輯—鄭秀娟
通訊地址—10684 台北市大安區信義路四段 53 巷 8 號 2 樓
郵政劃撥—19546215
戶名—心靈工坊文化事業股份有限公司
電話—02）2702-9186
傳真—02）2702-9286
、Email—service@psygarden.com.tw
網址—www.psygarden.com.tw
製版・印刷—漾格科技股份有限公司
總經銷—大和書報圖書股份有限公司
電話—02）8990-2588
傳真—02）2990-1658
通訊地址—248 新北市五股工業區五工五路二號
初版一刷—2013 年 8 月
初版十四刷—2017 年 3 月
ISBN—978-986-6112-78-2
定價—300 元

國家圖書館出版品預行編目資料

晚熟世代：王浩威醫師的家庭門診 / 王浩威作. -- 初版. - 臺北市 ：心靈工坊文化, 2013.08

ISBN-978-986-6112-78-2（平裝）

1. 家庭關係 2.親子溝通

544.1 102013748

心靈工坊 PsyGarden

書香家族 讀友卡

感謝您購買心靈工坊的叢書，爲了加強對您的服務，請您詳塡本卡，
直接投入郵筒（免貼郵票）或傳眞，我們會珍視您的意見，
並提供您最新的活動訊息，共同以書會友，追求身心靈的創意與成長。

書系編號—Caring 073 書名—晚熟世代：王浩威醫師的家庭門診

姓名　　　　　　　　是否已加入書香家族？ □是 □現在加入

電話 (O)　　　　(H)　　　　手機

E-mail　　　　生日　　年　　月　　日

地址 □□□

服務機構　　　　職稱

您的性別—□1.女 □2.男 □3.其他

婚姻狀況—□1.未婚 □2.已婚 □3.離婚 □4.不婚 □5.同志 □6.喪偶 □7.分居

請問您如何得知這本書？

□1.書店 □2.報章雜誌 □3.廣播電視 □4.親友推介 □5.心靈工坊書訊
□6.廣告DM □7.心靈工坊網站 □8.其他網路媒體 □9.其他

您購買本書的方式？

□1.書店 □2.劃撥郵購 □3.團體訂購 □4.網路訂購 □5.其他

您對本書的意見？

□ 封面設計 1.須再改進 2.尙可 3.滿意 4.非常滿意
□ 版面編排 1.須再改進 2.尙可 3.滿意 4.非常滿意
□ 內容 1.須再改進 2.尙可 3.滿意 4.非常滿意
□ 文筆／翻譯 1.須再改進 2.尙可 3.滿意 4.非常滿意
□ 價格 1.須再改進 2.尙可 3.滿意 4.非常滿意

您對我們有何建議？

▲您的意見，我們將轉貼在心靈工坊網站上，www.psygarden.com.tw

心靈工坊 PsyGarden

10684台北市信義路四段53巷8號2樓

讀者服務組　收

免　貼　郵　票

（對折線）

加入心靈工坊書香家族會員
共享知識的盛宴，成長的喜悅

請寄回這張回函卡（免貼郵票），
您就成爲心靈工坊的書香家族會員，您將可以——

⊙隨時收到新書出版和活動訊息

⊙獲得各項回饋和優惠方案